BEYOND THE SURFACE

A Gold Medalist's Guide to Finding and Loving Yourself

與眾不同

以勇氣、自愛和使命，超越人生最艱難的時刻

更有力量

潔西卡・隆恩
Jessica Long
著

甘鎮隴 譯

獻給曾經覺得自己是異類的人。
你並不孤單。
你的故事和你的聲音很重要。

好評推薦

「本書的力量會讓你脫胎換骨，讓你用更有意義的方式活在世上。」

——關穎珊，冬季奧運滑冰銀牌得主

「潔西卡．隆恩將激勵你定義自己，挑戰人們對你的定論，並寫下你自己的故事。這本書不容錯過！」

——比莉．珍．金（Billie Jean King），體壇巨星，為社會平等而奮戰的鬥士

「從直面逆境到成為帕奧會傳奇人物，潔西卡的故事是韌性、勇氣和決心的明證。儘管她取得了所有成就和挑戰，但她在這裡是為了證明，我們的價值不是用獎牌或表現來衡量的——真正的價值來自內在。」

——梅希．富蘭克林（Missy Franklin），五屆奧運游泳金牌得主

「準備好被潔西卡的故事迷住、賦予力量和啓發吧！這個故事提醒我們，我們的身體和思想比我們想像的要強大許多。這本書揭示了自我接納的眞正道路，我會推薦給所有遇到自我限制信念和破壞性思維模式的朋友。」

——芮秋．史岱佛（Rachel Macy Stafford），特殊教育認證教師、紐約時報暢銷作家、講者

「這是一場感人至深、鼓舞人心、醍醐灌頂的行動號召，它闡明了『自我接納』對我們每個人來說是可能的，也是至關重要的。在瀰漫於當今社會『我就是不夠好』的這種流行病中，潔西卡這本書閃耀著可付諸行動的希望之光。」

——娜塔莉．科根（Nataly Kogan），著有《現在更快樂》《精采人生計畫》

「有人說，最好的寫作『能讓一個人的個人經歷傳揚宇宙』。而透過讓我們了解她的故事、想法和內心，潔西卡．隆恩出色地實現了這一目標。《與眾不同，更有力量》是激勵你參與你的自我、夢想與世界的號召，而且會讓你充滿付諸行動的動力。」

——凱蒂．霍爾維奇（Katie Horwitch），「WANT：女性反對負面言論」（Women Against Negative Talk）創辦人，著有《想要你自我》

目次 CONTENTS

好評推薦 004

前言 013

第一部——從內心開始：學會接納自己

第一章 異類感的最初漣漪 024

在我成長的歲月裡，我唯一想要的就是融入大家。
但在沒有雙腿的成長過程中，
我曾無數次必須面對事實：我就是跟別人不一樣。

重建認知框架　擺脫憤怒的4：6呼吸法　041

第二章　一切都取決於你怎麼想　042

大多數人都在自我形象上苦苦掙扎，
而改變觀點的第一步，
是明白我們就是自己應該成爲的樣子。

重建認知框架　專注於正面、培養成長心態　054

第三章　接納還是迴避？　055

游泳已經成爲我的自我認知的燃料，
把「勝利」跟「自我價值」畫上等號時，會發生什麼事？

重建認知框架　3-2-1感恩練習　076

第四章　兩個世界的碰撞　078

倫敦奧運前夕，我在接受採訪時，
提到希望有天能找到並見到生母。
我曾無數次想像過那一刻，
但那個「有一天」在我心裡始終是遙遠的未來。
我對即將在倫敦發生的事情完全沒有心理準備。

重建認知框架　善用情緒輪辨識情緒　090

第五章　生命的低谷能帶來最大的成長　092

根據功能障礙程度，帕奧運動員被分爲S1至S10級。
就在比賽之前，兩個S9選手的分類下降了一級，
直接進入了我的S8級別……

重建認知框架　五個問題，找出你的使命　110

第六章 衡量成功的標準 112
在人生的每個季節，所謂的成功可能有所不同，但沒有人能決定你在某一個季節的成功是什麼樣子。
我們對自己的批評最爲嚴厲，眞的該學會爲自己和取得的進步感到驕傲。

重建認知框架 從小事開始堅持 129

第二部 —— 超越自我：在周遭世界中開創變革

第七章 相信自己的聲音 132
如果別人想要的東西跟我想要的互相牴觸，就創造了健康對話和協商的機會。

我發現只要你表現得很友善，
人們通常很少介意，而且會願意遷就你。

消除偏見和假設的第一步，是承認自己。
你越了解自己的各個碎片，
就越能反思你的旅程如何影響了你看待世界的方式。
反思得越多，就越能與人們建立默契，
理解社會教導的「規範」未必都是對的。

第九章　必須有人站出來代表你　162

引起我注意的，是卡片上那位美麗的金髮女郎。
她的雙肘靠在椅背上，兩條假腿斜放在前方的牆上。
她究竟是何方神聖？她爲什麼看起來那麼像我？

重建認知框架　寫一封信給自己　180

第十章　你想留下什麼印記？　181

回到起點，
你的夢想和目標在起點時是嶄新、令人興奮的。
花點時間重新點燃曾擁有的快樂火花，
隨之而來的可能是感激之情，
你慶幸自己不再站在開始的地方，
而是出發的地方。

重建認知框架　找回初衷的三個習慣　193
簡單的感恩練習　194

第十一章 天生我材必有用 195

我抽到了「勇氣」這個詞，
但用它跟別人換取了「自愛」。
幾張卡片在我手中多次易手，
但最終我還是拿到了「使命」卡。

重建認知框架 勇氣清單 209

結語 力量自始至終就在你手上 210

誌謝 215

前言

有些父母第一次見到自己的孩子，是在超音波的螢幕上，接著經過九個月的精心準備，在醫院病房與孩子見面。但有些父母（例如我爸媽）卻是透過孤兒院的照片第一次看到孩子，並前往異國與孩子初次會面。

我爸媽第一次抱我時，我已經十三個月大了。「小塔妮亞」是那家俄羅斯孤兒院的保育員，第一次把我放在父親充滿期待的懷抱中時，對我的稱呼。我被關在放著成排嬰兒床的房間裡，金髮小腦袋透過搖籃的圍欄偷看這個男人，他代表著等候我的全新世界和家庭。他來到俄國的伊爾庫次克市，收養了我和同一家孤兒院的另一個小男孩，而我的新媽媽則和另外兩個孩子留在馬里蘭州。我父親在三月中旬走進那間涼颼颼的老舊孤兒院，與我四目相對，沒看到我與生俱來的身體障礙，只看到他要帶回家的漂亮寶貝女兒。

女性如果在產後無法再次受孕或懷胎，稱作「繼發性不孕症」。我的爸媽史蒂夫·隆恩和貝絲·隆恩生了兩個孩子，後來沒辦法生第三個。但在經歷不孕之前，他們就討論過收養的可能，所以立即轉向了另一個選擇，開啓了我奇妙的人生旅程。

沒有腿的女孩

我媽媽說，她拿著那張俄羅斯小女孩的照片時，立刻就知道我是上帝希望他們收養的孩子。我的父母與一群正在創辦收養機構的人取得聯繫，這個團隊在上一次造訪我住的孤兒院時，爲我拍了照片。即將成爲我爸媽的這兩人，盯著那張照片時，被告知俄國有個小女孩一出生就失去了雙腿的一部分。我爸媽知道海外許多孤兒都有身心障礙，因爲想盡可能把孩子照顧好，也檢查並確保所買的健康保險能負擔我需要的任何手術和診治。我爸媽一直想要大家庭，所以也決定從同一家孤兒院帶第二個孩子回家。一九九二年十二月，史蒂夫和貝絲計畫收養小男孩丹尼斯．艾力克西維奇．圖馬夏夫，以及照片上的小女孩塔蒂亞娜．歐勒戈芙娜．柯瑞洛娃。我們倆的名字改爲約書亞．丹尼斯．隆恩和潔西卡．塔蒂亞娜．隆恩，正式成爲隆恩家族的成員！

儘管喬許（約書亞的暱稱）比我大兩歲，但他在三歲時體型非常小，而且被收養時才剛剛治好了痢疾，所以我跟他體型差不多，看起來就像一對金髮雙胞胎。喬許出生時患有脣顎裂，但來到美國不久就接受了修復手術。

醫師告訴爸媽，我患有「先天性腓骨半肢畸形」，這意味著我缺失了腓骨和小腿大部分的其他骨頭。我的脛骨在膝蓋以下幾吋處九十度彎曲，我的兩隻腳很小，各只有三根腳趾，看起來像是黏在腿後面。帶我回家之前，我爸媽考慮過讓我進行腿部延長手術，但親眼看到我時，就知道我沒有腳踝，甚至沒有足夠的腿骨，所以連試都沒辦法。諮詢過多位醫師後，爸媽決定讓我截肢，讓我可以裝上假腿，學會走路。

我十八個月大時，我的兩隻小腳就被截肢了。施打麻醉時，爸媽獲准陪在我身邊，然後麻醉師把我抱進手術室。爸媽記得我當時越過麻醉師的肩膀，回頭看著他們，輕聲說俄語「Nyet, nyet」，意思是「不」，令他們心碎。爸媽看著我被抬進去動大手術，並祈禱他們做出了正確的決定，因爲他們知道這是一個無法逆轉的抉擇。

我醒來時，兩條腿上都打著石膏，紅色鋁桿從石膏的底部伸出，連接到塑膠腳上。那是我的第一條假腿。我轉頭一看，發現我的洋娃娃躺在旁邊的病床上。爸媽在我動手術前切斷了洋娃娃的雙腿，給她裹上兩塊石膏，好幫我爲這一刻做好準備，這樣我在無菌的白色房間裡就不會感到孤單。截肢手術醒來後不到二十四小時，我就用那第一雙腿站了起來，在醫院的兒童遊戲室裡保持平衡。爸媽預約了物理治療師來幫助我學走路，但他們取消了預約，因爲我已經能戴著義肢搖搖晃晃地走來走去。爸媽很快就了解到，我天生就不是一個能放慢腳步的人。

俄羅斯小盒子

在成長過程中，我記得爸媽有個黑色盒子，放在書房裡的高處。那是我們的「俄羅斯盒子」，裝滿了我和約書亞的俄國護照、出生證明和入籍文件；我們的第一張照片，還有一條來自俄羅斯的項鏈，爸媽說等我滿十六歲就可以擁有。最令我興奮的就是項鏈。那是個銀色的蛋形吊墜，中央有一顆紫色的寶石。我最喜歡的電影是《眞假公主：安娜塔西亞》，講述俄羅斯孤兒安娜塔西亞，同時也是失散多年的公主，祖母送給她的項鏈，幫助兩人最終重逢。我會拿著俄羅斯盒子裡的項鏈，想像我也是公主。我總是想看盒子裡的東西，有時還想爬上高高的書架去翻找，這就是爲什麼爸媽要把盒子放在那麼高的地方，這樣我就搆不到，不會弄丟任何東西。它感覺就像個祕密寶箱，能告訴我我是誰。即使我那時候還很小，卻發現我在質疑自己是誰，並希望能在小盒子裡找到簡單的答案。

每隔一段時間，爸爸會把盒子拿下來，和我們一起在地板上檢查每件物品。他側身躺著，用手肘撐著身子。「妳是我們家的一員，因爲我們選擇了妳。」爸媽會提醒我。收養三年後，我媽媽突然又懷了一個小女孩，讓我們大吃一驚。我們以爲這只是一個奇蹟，結果兩年後她又生了一個小女孩！我成爲六個孩子之一：四個女孩和兩個男孩。一開始我很困惑，因爲我不是從媽媽的肚子裡出來的，不像我另外四個兄弟姊妹那樣，但從我的俄羅斯盒子裡拿出來的東西，給了我確鑿的證據，證明我也來自某個地方。而這讓我得到了安慰。我同時屬於兩個世界。我會和兄弟姊妹一起翻看盒子，想知道我的親生母親（根據我的出生證明，她名叫娜塔莉亞）是否也想過我。

我向來愛我的家人，但在成長過程中，也經常覺得自己是異類。我受到的對待跟其他兄弟姊妹並沒有任何不同，但因爲我的兩條腿，我總是覺得自己不一樣。一旦我理解了「收養」的意思，就意識到我也因爲來到這個家庭的方式，而跟別人不一樣。儘管我哥哥喬許沒興趣更了解他的過去，但我對我來自哪裡、爲什麼被拋棄，有著一大堆疑問。這些關於「我和旁人之間的差異」的早期認知，是我多年來內心搏鬥的第一批種籽。這是一場戰鬥，爲了讓我覺得自己值得擁有第二次機會，儘管我與眾不同，也可以擁有新的人生。這場戰鬥源自對「被拋棄」的恐懼，因爲我知道我已經被拋棄過一次。我害怕我是壞掉的東西，而且不值得被愛。這場戰鬥將一直伴隨著我，在我內心持續多年。

走過自我接納之旅

正在閱讀本書的你，可能沒有缺胳膊少腿或任何身心障礙。你可能不是被收養的，也可能不是運動員。但我相信，在人生的某個時刻，我們都曾經在自我價值感以及「我眞的值得嗎？」的感覺中苦苦掙扎。很多人花費數年，努力成爲家人、朋友、同事和社會認爲應該成爲的人。如果我們穿某種風格的衣服，就能融入；只要遵守規則，就會被接受；有合適的工作，就算是成功了。我們花太多時間拿自己跟其他人比，把自己塞進盒子裡，對與生俱來的天賦感到羞愧，結果完全看不見我們能爲他人和這個世界貢獻多少。

我的自我接納之旅，是人生中最艱難的旅程之一。我和旁人最大的區別一目瞭然，完全無法隱藏。對我來說，我的兩條腿是眞正的恥辱。在我整個童年時期，隨著羞愧感不斷增加，我開始執著於希望被人視爲漂亮、堅強，以及所有其他構成「我以爲的我」的優點。我拚命投入很多事情，就爲了把注意力從兩條腿上移開，並證明自己的價值。我把一切都變成了與兄弟姊妹的比賽，而且我非贏不可。我想穿上流行的衣服，成爲受歡迎的女孩；我沉浸在體操中，學會在彈跳床和平衡木上空翻。但這些都沒能徹底平息正在心中醞釀的戰鬥，而餵養它的燃料，就是我擔心自己沒有價值。有趣的是，我們常以為把注意力從感受上移開，那些感受就會神奇地消失——我們全身心地投入一項運動、一種樂器，投入社群媒體，「成為A咖」，甚至成為爸媽能倚賴的孩子，就能填補這個價值感的破洞。彷彿如果能讓身邊每個人都相信我們是值得的，那麼或許自己也會開始相信。但事實並非如此。

我們不能依據外在的事物來判斷自己的價值——無論是我們的外表、工作或他人的認可，都不會讓我們感到真正有價值。多年來，即使在聚光燈下，我也經由內心的掙扎和搏鬥，反覆學到這一課。站在頒獎臺上贏得金牌，並不能彌補自愛的缺乏。

真正的自我接納，在於接受自己的各個層面，包括你的缺點和不完美，並認識到這就是你獨特的身分和人性不可分割的一部分。我見識到一旦接受自己是誰，並在彼此間的差異和每個人能提供的東西中找到力量，將能產生何種影響。自我接納是一個過程，當然不是一蹴可幾——但我們可以找到方法來回歸自我，來明白自己的使命。當我們遠離所有外在噪音，重新認識自己是誰，以及想在這個世界上成為誰，就不再受到限制。我們將會對自己的能力充滿信心，並相信自己走在正確的道路上。

我一輩子都在努力接受我是有價值的、我是被愛的、我沒有什麼需要證明的。我想分享一些經驗和工具，我藉此恢復了對自己的認知，以及在世界上有何地位的信心，希望它也能幫到其他正在掙扎的人。如果你能在我身上看到自己，也許你也會發現你多麼小看了自己的能耐。書中列出了一些我使用過，並且至今仍在使用的方法。邁向自我價值的旅程仍在繼續，隨著人生的變化和流動，我們會經歷起起落落。但我相信，擁有觸手可及的強大工具包，將是讓我們順水而行而非逆流掙扎的關鍵。

本書分爲兩部分。在第一部中，我們將從內心開始。我將分享人生中一些關鍵時刻，它塑造了我對自己的看法，以及如何開始挑戰這些心態，並在過程中學會接納自己。在第二部中，我們將放眼周遭世界，設法找到使命，並成爲這個世界所需要的改變。透過完全接納自己，我們將產生向外的漣漪，從而激勵他人。

我希望這本書讀起來，感覺就像你我在我喜歡的可愛咖啡店裡喝咖啡聊天。我想看著你的眼睛，分享我的故事，然後聽聽你的故事。就像朋友間的對話，我們會大笑，會變得脆弱，也許還會互相挑戰。我的一些經歷，可能會讓你想起類似的痛苦回憶和感受，但我們在這裡互相支持。有我挺你！我們做得到！

在與你分享我的旅程時，我希望你可以從中學到有價值的東西，並應用到生活中——一些能激勵你、讓你以不同的方式看待世界，讓你對自己和你的旅程有更大同情心的東西。

我將分享自己的一切：好的、壞的、美麗的，還有我面臨過最具挑戰性的時刻。我希望你能看到我的勇氣和幻滅，看到我邁向眞實自我的完整旅程。我以前總是對抗著脆弱，對抗著任何讓我感覺或顯得「軟弱」的事情，但我現在已經準備好和你分享了，朋友。我準備好探索並分享我的自我接納之旅，如何走過對自我價值的懷疑，以及與不安全感之間的抗爭。我已經準備好全攤在陽光下，逐一檢視——我希望你也同樣準備好面對自己。無論你現在處於哪個人生季節，是順風順水還是大風大浪，你都不孤單。讓我們一起踏出第一步。

第一部

從內心開始
學會接納自己

第一章

異類感的最初漣漪

反覆接受手術

我當時不明白爲什麼我跟別人不一樣。

我就是不懂。我不喜歡這樣，而且身爲孩童，我**不想**跟別人不一樣。在我成長的歲月裡，我唯一想要的就是融入大家。但在沒有雙腿的成長過程中，我曾無數次必須面對事實：我**就是**跟別人不一樣。我有著反覆接受手術的非典型童年經歷，而且對自己在世界上的地位和未來，總是充滿不安全感。

我審視身邊的人，看到家人不須經歷我所經歷的痛苦：從另一次手術中醒來的痛苦，還有再次進醫院時所感受到的強烈恐懼，穿上令人發癢的袍子，被推進散發著酒精味的白色房間，周圍都是穿藍袍的醫師和護理師。這整個場景總是讓我非常不安，眞的很可怕，儘管我試著不表現出來。

我在被收養後接受截肢手術時，只有十八個月大，所以幾乎完全沒有印象，但我記得之後每次手術都覺得胸悶，而且緊張到不知所措。醫師們走進手術室時，臉上戴的口罩更是讓一切變得更恐怖。我一直無法完全看清楚他們的臉，這些人讓我入睡並改變我的身體，不過我知道他們對我說話的方式很友善。我覺得自己是個「問題」。有多少小女孩懂得在無人提示的情況下，主動從病床爬到冰冷的手術臺上？有多少人知道麻醉劑的口味（我總是選橘色的），或者即使你抗拒，他們還是會把面罩放在你臉上，讓你睡著？

我小時候很討厭醫生。當然，他們通常都慈眉善目，而且我爸媽會確保我明白，他們是在幫忙處理我的腿。但我也知道，他們每次讓我睡著時，我都會在疼痛中醒來。等待著下一次手術時，我總是覺得胸口沉重，但比等待更糟糕的，是在另一個房間裡醒來時暈頭轉向，感覺雙腿著火。對我來說，這一連串的手術來得太快了，感覺就像我才剛征服了一場手術並完全恢復時，就必須再接受另一場。有時，我會避免讓任何人知道我所經歷的肢體疼痛，就爲了避免再次動手術。

隨著我長大而能理解怎麼回事，頻繁的手術就越來越成爲我關注的焦點。醫師告訴我們，我腿上的骨頭已經出現「骨質增生」，因此每隔兩年左右，我就需要進廠維修，以去除腿部過度生長的骨質。爸媽剛收養我時，以爲我只需要一場「一勞永逸」的手術，而不是陷入永無止境的無限手術輪迴。我的小腳被截肢後，他們以爲我不用再動手術了，結果我們還是一遍又一遍重返醫院。隨著我進入成長期，我的脛骨不斷增長，不得不經常切割。

用堅強掩飾與衆不同

隨著時日經過，醫師告訴我可以讓一位親屬進手術區來支持我，但我這麼做經常是爲了爸媽，而不是爲了自己。我想帶爸爸或媽媽一起進去，這樣他們就能看到我所經歷的一切。經過幾次手術後，我不再像醫院裡的其他孩子，向父母尋求支持或安慰，但還是希望爸媽能**親眼目睹**，能**感同身受**。我想讓他們看到我眞的很堅強。如果我很堅強，也許他們就不會認爲我是個「問題」。也許人們會看到我的堅強，而不是看到我跟別人不一樣。我不想被憐憫，也不希望人們以不同的方式對待我，所以我試著證明自己有多堅強。我試著隱藏恐懼。

我們會談論各式各樣的話題，好讓注意力從正在進行的手術上轉移，但我其實每一次都很害怕。而且這是一場「等待」的遊戲——由氣味和畫面組成，即使在家裡，這個遊戲也糾纏著我。然後那一天會到來，醫生會做所有的術前準備，再次在我的腿上做記號。我和爸媽學會了如何向醫師詳細說明我的手術史，以及哪些藥物對我有效，並提出許多疑問。如果醫師沒把我的腿末端骨頭削得夠鈍、夠圓，我在走路時就會覺得骨頭的尖端可能會刺穿皮肉。我還是個在玩洋娃娃的幼兒時，就已經懂得如何向醫師說明我的健康狀況和生活品質。

對我來說，別人對我的肢體接觸變得難以忍受，而且次數隨著每次看醫生持續攀升，但我當時還太小，無法理解原因。我四歲左右，就不再讓爸媽在醫院內外擁抱我或秀秀。我記得爸媽在手術前後試著觸摸我，那眞的讓我很難受，我完全沒辦法應付。醫師們試著扶我到手術臺上時，我會把他們推開並拒絕協助。我恨透了那幾隻「援手」。於是，我會自己跳上冰冷的手術臺。

我會在心裡告訴自己，**妳不可以哭，不可以難過**，即使我的小小心臟劇烈跳動，我的耳朵因恐懼而發熱。諸多機器發出的可怕嗡嗚，總是讓我的耳朵難受，明亮的日光燈讓房間就像是電影中的場景。手術服、口罩和手術帽。半夜我睡覺時，引流管從腿上被拔出來，感覺皮膚就像被撕裂，血從我的腿上滴下來。在內心深處，我很想哭。但表面上看來，我很生氣——怒氣就像在全身上下振動。有一次，我在手術後大發雷霆，開始毆打醫師和護理師。他們不得不爲我注射鎮定劑，我卻沒辦法向他們清楚說明爲什麼我的內心如此扭曲。

每次手術後，我的家人親戚都會特地來看我，有時還會帶禮物來。我的祖父母總是帶我最喜歡的草莓冰棒，平時只有去他們家才吃得到，因爲那不是媽媽會買的有機冰棒。這是我對這種特殊關注唯一喜歡的部分，也是治療過程中讓我覺得享受的部分。但即使是我最喜歡的冰棒，也無法消除痛苦和沮喪。

逃避沒有雙腿的事實

我很快就了解到，如果兩條腿同時動手術，我會非常痛苦，因爲在那種狀態下，我無法四處走動或靠自己做任何事情。然而，如果我只讓一條腿動手術，就能穿上一條義肢並使用枴杖，或用兩條手臂和一條完好的腿跪在地上走動。不過，穿過房間最快的方法，是在地板上翻筋斗，所以家人習慣看到我在房子裡翻來翻去。我很喜歡能像這樣靠自己移動的獨立性，但我在不得不休息、在手術後恢復體力的時候，我還是沒辦法和兄弟姊妹一起在外面玩耍……除非坐在我的亮粉紅小輪椅上，在車道上轉來轉去。

我不喜歡使用那張粉紅色輪椅。我一點也不喜歡輪椅，所以我一直拚了老命靠自己走路。坐輪椅感覺很「軟弱」，讓我想起自己的先天不足，儘管爸媽很體貼，買的輪椅是粉紅色，他們知道這是我喜歡的顏色。但從我的觀點來看，當我使用輪椅時，人們對待我的態度會跟拄枴杖時不同。輪椅會引發截然不同的反應——憐憫，人們會想幫助我，觸摸我。所以我更喜歡拄枴杖，儘管使用枴杖時，動了手術的那條腿會因爲一直懸吊著而腫脹。我能感覺到所有血液都湧進石膏和縫線的底部，到了晚上我必須爲此付出代價——抬高我的腿。不過，爲了避免旁人協助，爲了避免面對自己的先天不足，這是我願意付出的代價。怎樣都好，我就是不想覺得自己跟別人不一樣，不想面對「爲什麼」這個問題。想隱藏沒有雙腿的這個事實，基本上是不可能的——不過，在我年幼的時候，我確實竭盡全力如此嘗試。但「自己跟別人不一樣」的最困難之處，在於我實在不明白**爲什麼**我跟別人不一樣。

面對差異

對我來說，「爲什麼」這個問題很難面對，基本上是個大哉問，對我年幼的腦袋來說很難完全理解或表達。這是我幾乎覺得自己**不能問**的問題。我的意思是，這個問題會有答案嗎？我也聰明到能懂得一個道理：即使我開始明白這件事爲什麼發生在我身上，也不會改變什麼。我的兩條腿不會一夜之間變長。沒有奇蹟會發生。

我絞盡腦汁思索「為什麼」這個問題時，其實是在尋求諸多答案，而這些答案都藏在「為什麼」這三個字裡頭。我為什麼被親生父母送去給別人收養？為什麼我現在的家人選擇了**我**？我為什麼覺得自己是個重擔——不僅因為我是這個家庭的被收養者，也因為我是截肢者，每次手術和就診都讓家人承受巨大的情感和經濟壓力？為什麼我感覺自己像「半個人」？為什麼其他人都有腿，我卻沒有？

令人驚訝的是，我們在很小的時候其實就能注意到，並承擔這麼多的煩惱。我們能如此強烈地感受到自己的差異。我們能看到並認為自己是「異類」，而且需要隱藏自己的關鍵部分才能被旁人接受。你回想起小時候最早的記憶時，有沒有關於「你是誰」的事情，讓你覺得自己「與眾不同」？一些你開始內化，但沒真正意識到的東西？根據華盛頓大學學習與腦科學研究所的研究，到了五歲左右，兒童的自尊感強度已經與成年人相當。自尊是我們如何評價和看待自己。這意味著，在你成長過程中所有的「為什麼」，以及你因為與眾不同而感到的每一次恐懼或羞恥，都會比想像的更早影響你的自我接納度。我迴避的所有問題，最終都浮出水面，形成了一幅我如何看待自己的畫面，我也將在接下來的幾年裡一直這樣看待自己。

我還很小的時候，對自己在這個世界上的使命和地位感到困惑，即使我當時還沒辦法清楚地用言語表達出來。我記得，如果當時非常認真地詢問這些問題，會感覺自己幾乎**太**情緒化。小時候的我，還找不到空間來容納和處理這些感受，只是深深埋藏起來，告訴自己不能表現出軟弱。越少表現出弱點，就能越快繼續前進，我就能像其他人一樣成爲正常的孩子。但在那些最艱難的時刻（在經歷另一次手術或對抗這些情緒時），這個問題會一遍又一遍出現在我的腦海中。**爲什麼？**沒有人能給出眞正的答案，來讓我覺得好過一點。這就是爲什麼提出這個問題讓我非常難受——因爲事實就是沒人能給我滿意的答案。我很氣自己被親生父母送去讓人收養，我確信這是因爲我沒有腿——因爲我不完整。我小時候覺得完全無法控制自己的人生，彷彿沒有任何人理解我。

相反的，我被告知我很特別。他們告訴我，我是被愛的，我是美麗的，是完美的，這都是上帝計畫的一部分。但我並不想變得特別，而是想變得正常。我並沒有要求被收養，我對此沒有發言權，這讓我很難接受。儘管我知道家人非常愛我，我也同樣愛他們。但「我在這一切之中別無選擇」的事實，還是啃噬著我的心靈。我常常希望能跟上帝做一筆交易，要求祂賜給我雙腿，而作爲回報，我會當個乖孩子。

這一切發生在我發現游泳這項運動，找到一個讓我有歸屬感的地方之前。雖然我的家人對我說正確的話，也對我一視同仁，但顯然我跟其他孩子不一樣。大多數孩子長大後，會得到一雙新鞋，我卻得經歷「獲得一雙新腿」的過程。我的義肢很難長期完美貼合我的腿，因爲我會長大，又得動手術，義肢的貼合度就會改變。在我的成長過程中，大部分的義肢都讓我不舒服。一整天裡，我必須三不五時休息一下，把假腿拿下來，否則就會痛。

而在那段期間，我一直渴望著愛；我渴望得到正面的關注，但出現在我面前時，我又不相信那是眞的。每個人都告訴我，我有多麼堅強，但這個情感似乎是虛假的——我不值得擁有——即使內心深處十分渴望，而且我不想被溺愛。我喜歡堅強、堅定、獨立，甚至在痛苦時也拒絕哭泣，因爲我認爲那是弱者的表現，是內心深處的弱點。我清楚知道我並不軟弱。

話雖如此，我也**不覺得**自己堅強。如果你只是做著爲了求生而需要做的事，這是堅強嗎？我別無選擇，只能做著旁人一直稱讚爲「堅強」的事。對我來說，手術、義肢和痛楚是唯一的路，我別無選擇。我唯一能做的就是克服或被擊敗，盡可能來應對我的常態。我問自己：**這是眞正的堅強？還是我只是在學習如何在自身的處境中生存下來？**這個疑問來自我對「自立自強」這個需求的核心，源自我不喜歡依賴任何人。我總是想辦法靠自己解決問題，照顧好自己。我會坐下來，用滑的滑下樓梯。我會把自己拉到流理臺上，從櫥櫃裡拿出杯盤。「適應」就是我的常態。

情緒暴走的小怪獸

即使我從小就被迫學習適應，但在我懂事之前，並不知道該怎麼向他人表達這些感受。在餐桌上，我會發脾氣，在晚餐時滑到桌子底下，放聲尖叫。爸媽不知道該怎麼辦，也不知道我為什麼心情不好。他們沒意識到，我的小腫塊（沒穿上義肢時，我把膝蓋以下的腿部末端稱作「小腫塊」）懸在椅子邊緣太久，會開始覺得痛或發麻，因此我會試圖抬高放在桌子上，但總是被告知放下來，所以尖叫和哭泣是我壓抑的挫敗感的爆發。我不知道該如何表達腿在痛、我需要把腿抬高。我爸媽以為的許多叛逆，其實是痛苦、恐懼、困惑、疲憊，加上小時候不懂得如何表達感受。很多時候，我甚至不知道自己的感受是**什麼**，只知道沒人懂我。我已經到了把不舒服當常態的地步，這讓我感覺跟同儕之間有疏離感，讓我與其他人截然不同，也讓我覺得必須證明自己。我做出決定：我必須在所有事情上都做到最好。

當時，我並沒有意識到這種情緒在被收養的人身上，是多麼普遍。人們在孩童時期被忽視時，往往會認為自己是活該受到這種糟糕的待遇，所以總是試著否認無意識中「察知」的自我缺陷。他們努力讓自己覺得自己有價值且美好，因為無法承受已根植於心靈中的想法。在成長的歲月裡，我覺得自己活該被拋棄，我就是不夠好，所以親生母親不要我。我猜她一定是看了我的腿一眼，就決定不要我了，因為我太與眾不同了。我承擔了沒人應得的罪責。「想成為佼佼者」的內在動力，在很大程度上塑造了我的性格，這主要來自「渴望被人們視為夠好」的願望。

也許正是這種內在驅動力，注定了我會成為競技游泳選手。我以前總是把一切都變成競賽，即使旁人根本不想跟我爭。在炎熱夏日吃冰淇淋？我總是比兄弟姊妹更早吃完。下車走路進家門？別懷疑，我一定第一個進門，而且如有必要，我甚至會用手肘把兄弟姊妹推開。即使在使用枴杖或輪椅時，我也想成為速度最快的，並因為使用的熟練度而自豪，即使我**不喜歡**坐輪椅時有人試著想幫我。我總是準備好戰鬥，無論是做了爸媽不允許的事而逃避責任，還是保護被惡作劇的兄弟姊妹（只有我可以對他們這麼做），或是跟隔壁男孩摔角。我喜歡考驗自己。我想要挑戰，越是被告知不能做，我就越想去做，而且總是要贏。

我記得八歲時和家人去度假。我們在馬里蘭州大洋城，我坐在亮粉紅色輪椅上沿著海濱木板路面滾動。家人走在我後方，走出一家小商店，而我先行一步。我不想讓人推，更喜歡自己坐在輪椅上鑽來鑽去。我用輪椅飆車時輾過地面上的突起物，整個人從椅子上飛了出去。家人知道我討厭被幫忙，而且如果來扶我，我會大發雷霆。因此，令幾個圍觀者驚訝的是，家人沒一個出手幫我，而是等著我自己坐回輪椅上。陌生人跑過來想幫我，他們衝過來時，我怒目以對，無法克制臉上的怒火。我需要在生活中的每一件事上獲勝，即使只有我認爲、或知道我贏了。

我感覺自己受到了懲罰，而且不知道爲何被懲罰。**爲什麼我生下來就沒有腿？**除了醫師向我們說明的醫學術語，我想知道，在更深的層次上，這種情況**爲什麼**發生在我身上？**我爲什麼得苦苦掙扎？爲什麼必須向別人解釋我爲何跟一般人不一樣？**即使我努力理解心中的情緒波濤，表面上的掙扎也持續下去。

媽媽在家裡教育六個孩子（阿曼達、史蒂文、約書亞、我、漢娜和葛蕾絲），我拚了老命記住每天學到的東西。我的大腦光是應對被收養和被遺棄的重擔就忙不過來了，實在沒有更多空間去應付閱讀和數學。我的大腦正在處理很多事，正如我的身體不斷嘗試在肉體和情感上療傷和復原。正如許多人在學會如何應對和療傷之前，爲了保護自己所做的那樣，我把沮喪和痛苦轉化成憤怒。我在成長過程中總是**怒氣破表**。那些未曾流下的淚水，被掩埋在我的怒氣之下。憤怒就是我的應對之道。我年幼的大腦正試著在這一切中生存下來，而「念書」成爲我不擅長、令我深惡痛絕的東西。我到了十二歲左右，才終於有足夠的閱讀能力。我雖然討厭在家自學的孤立感，但也慶幸有空間能按照自己的步調學習，而且我很害怕在學業上無法跟上同齡人。此外，我也任憑對自己失望、覺得自己是笨蛋的感覺加劇怒火。

而且，光是**我一個人**生氣是不夠的。我希望其他人**對我**感到憤怒和痛苦，因爲我希望別人能明白我的感受，希望至少能理解我一部分的想法。我想挑起更多戰火，因爲沒人眞正理解我。一切成了無限輪迴：發怒、尋求理解與同病相憐，卻一無所獲，加上受夠了自己一直與眾不同。現在回想起來，我發現自己當時常常處於生存模式中。

覺得自己不夠好

生存模式是人類身體的適應性反應，能幫助我們應對危險和壓力。無論是童年或成年創傷，你的大腦和身體都會試圖維護你的安全。人體神奇得令人驚嘆，會做出應變來保護我們免受傷害的威脅，而生存模式是身體對我們面臨的壓力源所做出的生理反應。當我們感受到壓力，身體會產生一連串的荷爾蒙變化和生理反應，使我們透過僵住、戰或逃來做出反應。這些經歷有可能會重置我們的「常態」，使大腦的狀態變得高度警戒，隨時準備抵禦類似的創傷事件。

荷蘭精神科醫師貝塞爾．范德寇（Bessel van der Kolk）在《心靈的傷，身體會記住》中寫道：「我們已經了解到，創傷不僅僅是過去某個時間點發生的事件，也是該經歷在心靈、大腦和身體上留下的印記。這種印記，會對人類這種生物如何在當下生存產生持續的影響。創傷會讓心靈和大腦管理感知的方式完全重組。它不僅會改變我們的思路和思緒，也改變了我們的思考能力。」

對抗持續開機的生存模式時，我很難明白一個道理：我根本無法控制自己早年的任何經歷。我的憤怒是有道理的，但被用來掩蓋其他感受，使我逃避需要處理的事情；當憤怒成爲形影不離的伴侶時，它就成了問題。

令人恐懼的事實是，你原本以爲的「我就是這種個性」，其實是你處理創傷的機制。我眞的是難搞又早熟的孩子嗎？還是我只是出於憤怒，加上無法表達需求和困惑，而喜歡測試極限？我對勝利的渴望（有一天使我成爲金牌得主），眞的只是因爲我需要證明自己的價值嗎？

我不相信有所謂的「壞」情緒。我相信我們應該尊重並感受自己**所有的**情緒。憤怒**確實是**實際存在的感受，通常源自保護欲，無論是保護他人，還是自己。憤怒是對痛苦、羞愧、剝削和其他負面情緒的反應。當全新狀況發生，讓我們想起尙未從中完全恢復的昔日遭遇，憤怒就會油然而生，來保護我們。又或許我們需要問自己，那些憤怒是不是只是我們的心靈將事情扭曲成自我羞辱的敘述，使自己處於防禦狀態，正如我在成長過程中經歷的那樣。

我們必須審視自己**爲什麼**憤怒。透過了解情緒的根源，就能學會克服並控制，而不是讓整個生活被情緒占據。也許你的憤怒源自可以解決的外在因素，又或許在檢視原因後，你會發現生活中某些事情**確實**需要改變。也許有條界線正在被跨越，也許你有尚未被滿足的需求，又或許你正面臨根深柢固的內在問題，有些事情需要你親手解決。對我來說，我的憤怒源自害怕被拋棄，加上對被賦予的新人生感到困惑和「我配不上」。因為我感到被拋棄，所以等著再次被拋棄。這就是為什麼我需要向自己證明，我可以獨自完成所有事情。這就是為什麼我需要成為佼佼者、贏得一切。我覺得我沒有歸屬感，所以需要證明自己的價值，並贏得人們的愛。在我心中升起的保護本能，就是以「憤怒」這個形式出現——這份憤怒也伴隨著「為什麼」這個問題。因為無論我往哪裡看，無論我如何拚命嘗試，無論我詢問誰，似乎都沒有答案。

我們常常對自己的憤怒感到內疚，但憤怒的存在是有原因的，可以成為情報和力量的來源。在日常生活中感受到的各種情緒和直覺，能幫助我們了解自己和周遭的世界。當我們能面對憤怒並開始解讀，它就會成為協助我們做出更好決策的知識來源。當我們不允許憤怒控制我們時，憤怒就能成為助力，但我童年大部分的時候都任憑憤怒控制。

引導怒氣找到出口

憤怒是有力量的，是一種眞實而有效的情感，需要以健康的方式引導。我們可以利用心中的憤怒、痛苦和挫折感，來爲決心提供**燃料**，而不是任憑它吞噬自己、使我們偏離正路。我們人生中經歷的關於生存的經驗，可以轉變爲更有助益的東西，但我們也需要尊重這些情緒的合理性，以及它們如何幫助了我們。對我來說，這是個艱難的學習過程，我學會明白「體會到憤怒或感到被觸發怒火是正常的」，同時也學會不在這些當下的感覺中迷失自我。

恐懼和羞恥能有效煽動怒火，而這兩者也是我們最大的敵人。如果我們的思緒因羞愧而與自己爲敵，又因擔心可能面臨的失敗或負面結果而與世界爲敵，我們就會阻礙對自己的愛，也阻礙了個人的成功和情緒的平和。我小時候還沒意識到，我所感受到的恐懼和羞恥，會讓人感到匱乏而鬧情緒，也不明白這種「匱乏」心態，總是讓人覺得自己缺少了些什麼，好像做得還不夠——最終覺得自己不夠好。如果你把憤怒當作防護面具戴得太久，它就會開始成爲你個性框架的一部分。然後，你就得付出更多努力，去重新排列讓你慣性陷入憤怒狀態的神經迴路，才能轉化成更健康的思考方式。在這些負面情緒中停留得越久，就越難改變。你越是讓憤怒成爲第一道防線，就越難改變多年來的習慣，因爲這些積習已經在大腦裡挖出了深深的溝痕。你越常選擇某一種回應，就越可能不斷重複這個回應。這對年幼的我來說，是一種讓我更加衰弱的感覺。

我現在依然是鬥士性格，對我來說，憤怒比其他情緒更自然。但原本出自生存和自我保護的憤怒，如今已是我能夠審視的情緒。我開始慢慢用怒火來餵養決心。起初是出於需要證明自己的能耐，但現在，這份決心來自於了解自己、我來自哪裡。現在的我遠比以前更了解自己，我正學著對那個因爲與眾不同而發怒、不相信自己值得被愛的小女孩寬容以待。我的憤怒是有道理的，但我當年對它的反應，以及用它來對付別人的方式，則毫無理性。學習接受並驗證這些感受、它們如何爲我服務，同時也明白自己有責任將之引導成更好的反應，這是帶來強大影響的旅程。

我永遠不想忽視我所有的這些部分。我之所以成爲今天的我，是因爲那個小女孩經歷了這段瘋狂的人生。我堅定、有愛心、積極進取、活潑、忠誠、有趣，而且絕對還能變得更好。我很快樂、積極，但有時候也會生氣。我正學著怎樣驗證，並爲自己所有這些部分保留空間。我每天都會失敗，但會繼續付出努力。我們身上的憤怒、恐懼和羞愧，跟其他更令人愉快的部分一樣有意義——理解這一點大有好處，因爲這些情緒都讓我們更加了解自己。

重建認知框架

花幾分鐘坐下來思考以下問題，並誠實作答。別想太多，寫下你想到的第一件事。

①你是用什麼辦法來擺脫憤怒或「我不值得」的感受，繼續前進？

②你在自身的境遇中別無選擇時，如何利用這個處境逐步前進？

●擺脫憤怒的4：6呼吸法

吸氣四秒鐘，然後吐氣六秒鐘。

處理想拋開或壓抑的強烈感受時，必須有意識地靠向它們，把它們引導到健康的出口。想擺脫雜念、深入體內，我最喜歡的方式之一就是健身，但每次出現不同的情緒時，我們並不一定有時間進行全面的鍛鍊。所以，對我來說另一個簡單但有效的做法，是4：6深呼吸法。有時我會到大自然中散步，想像透過四肢的末端來吐出所有的情緒。下次你感受到憤怒時，不妨試試。

第二章

一切都取決於你怎麼想

家中充滿愛，卻沒有歸屬感

當然，她是完美的。

我四歲的時候，妹妹漢娜出生了，她不僅奪走了我作爲家中寶貝的地位，也擁有我所知道新生兒應該擁有的一切。**她是我所不是的一切**。這個寶寶有兩條腿，而我每次稍微長大些，都必須安裝義肢並重新學習平衡和行走。這個寶寶又萌又可愛，我卻很潑辣而且不喜歡被抱。我甚至不是從媽媽的肚子裡出來的……爸爸當年得飛去另一個國家，然後坐飛機帶我回家。而我之所以被收養，就是因爲爸媽被告知在生下前面兩個孩子後，再也無法生育。我可愛的爸媽想要更大的家庭，所以當時選擇了我和喬許來組成這四口之家。然後媽媽懷上了漢娜。**奇蹟**寶寶。最重要的是，她出生在爸媽結婚周年紀念日當天！多麼美好的禮物啊。漢娜出生後，葛蕾絲也出生了，這下我一共有五個兄弟姊妹，讓我在一個我深愛卻又沒有眞正歸屬感的家庭中，感受到了一種全然的異類感。

多年來，我對待她們的方式一直搖擺不定：上一秒我跟小妹妹們是最好的朋友，下一秒會因爲她們如此完美而恨死她們。我偶爾能說服葛蕾絲跟我一起惡作劇，但漢娜是個小小守法公民。媽媽帶領我們在家中自學時，我經常納悶地見識到我的五個手足有多乖、多遵守規則。當時我不知道的是，有一天我會了解到「完美、快樂、奇蹟寶寶」這些標籤如何影響了漢娜，她爲了維護這個形象承受了多少壓力。我當時也不知道，我的兩個妹妹多年來努力成爲「聽話的乖孩子」，如此獨立、一無所求，但她們其實因此而不懂得該如何向他人敞開心扉。

我們每個人身上都有標籤，都在家庭中扮演某些角色，通常是因爲或爲了適應最初被貼上的標籤。我身上的標籤是「那個俄羅斯瘋子」，精力旺盛，脾氣暴躁。漢娜則是「天之嬌女」，是一定會守規矩的孩子。但這兩個標籤都沒能概括我們的眞實身分，或我們將成爲怎樣的人。這兩個家庭標籤都無意傷害或限制我們，卻是許多人在成年後所承受的東西。學著怎樣在朋友群或社會中扮演某種角色，來反映我們一直以來被貼上的標籤，試著實現或逃避的事物。

我們看過多少文章和性格測驗問：「你是朋友眼中的老媽子，還是適合一起開轟趴的派對咖?」將我們分類為某種角色,或把我們推進盒子裡?我們總是試著量化自己的個性,並衡量如何為團隊做出貢獻,或與團隊建立歸屬感。我沒辦法告訴你,我有多少次不小心掉進「無腦金髮妞」模式,就因為人們認為這種類型很迷人,或因為我覺得這是人們對我的期望。我們在人生中都有昔日的經歷、創傷或期望,但我們試著不讓這些來定義我們是誰。我們都希望自己不只是某一個角色,都希望人們看到我們的全部,而不僅僅是其中一個特點。

把雙腳藏起來

我這輩子一直是「沒有腿的女孩」。多年來,我苦苦應對跟其他人之間的明顯差異。這讓我覺得我需要證明自己。爸媽鼓勵我嘗試陽光下的每一種活動和體驗,也從不限制我,我對此滿懷感激。但我還是意識到,我需要付出更多努力,才能完成對其他人來說很簡單的日常事,例如爬山,甚至只是保持平衡。

我從不讓兩條腿阻礙我,如有必要,我會找出方法來調整行為模式。但打從很小的時候,我就開始在出門時把腿藏起來。曾經有個階段,我一整年都穿長褲和UGG靴子。這種打扮可能看起來比實際上感覺更奇怪……我的腳並沒有因此覺得熱。我穿

UGG是因爲我得穿平底鞋，否則整個重心會往前傾，無法保持平衡。我最終擺脫了一年三百六十五天都穿UGG的階段，但花了非常久才適應讓人看到我的腿。對我來說，出門在外就是必須穿長褲，並確保在公共場合時穿上我的「美腿」（我從小就這樣稱呼它們）。「美腿」的義肢有假皮膚，經過塗漆，看起來很像眞的，而不是像機器人的支柱或「骨腿」。這些「美腿」被設計得很眞實，從遠處看，甚至可能不會注意到這是義肢。我穿戴了很多年，直到成年、直到我準備好炫耀，並爲自己與他人的不同之處感到自豪。

我在外表上總是表現得非常強悍，但沒有哪個孩子喜歡被一直盯著看，或被視爲與眾不同。藏起自己的雙腿比較容易，總好過應對「異類感」所造成的持續壓力和刺痛——被視爲與眾不同、不如一般人、怪咖，或需要協助，同時又被期望不要對他人表現出憤怒的反應。我很快就受夠了當個心胸寬大的人，受夠了幫所有公然盯著我看的人辯解開脫。在我人生的那個階段，不認識任何一個長得像我這樣的人。我看過幾個人失去了一條手臂或一條腿，但他們多半年紀較大，且似乎比我更不良於行。我當時很想知道，是不是有其他年輕、有活力的截肢者。

沒有尾巴的美人魚

第一次遇到長得像我的人時，我的世界徹底改變了，瞬間開啓了我學習這些課程的旅程。我發現帕拉林匹克運動會時（以下簡稱「帕奧」），當時是十一歲，一年前才開始游泳。我第一次接觸游泳，是因爲在練了幾年體操之後，爸媽擔心會傷害膝蓋：我會在沒有義肢的情況下，從平衡木和高低槓上跳下來，並以膝蓋著地，還會用膝蓋進行側手翻和後空翻。有天爸媽終於叫我坐在餐桌旁，向我下達最後通牒：我要麼試著穿著假腿做體操，要麼他們會幫我找到另一項運動。當年的義肢不像現在這麼先進，所以我是踩在義肢上保持平衡，並透過義肢底部的吸盤來穩住義肢，意思就是我得保持雙重平衡。我不可能也在橫梁上這麼做，更遑論穿著義肢在上頭跳躍，而且在高低槓上一定會掉下來。我很失望，我的體操時代結束了，只能在後院的彈跳床做空翻。

我的祖母聽說當地有游泳隊，也知道我喜歡游泳。我從三歲起就在祖父母的高架泳池裡游泳，先是戴著游泳圈跟爸媽一起游，然後是自己游。打敗了所有兄弟姊妹，在水下閉氣的時間比誰都長。我家每星期做完禮拜後，都會去祖父母家吃午餐。我會盡快吃完，就能迅速換上泳衣，跳進泳池。我會假裝自己是美人魚，一游就是好幾個鐘頭。所以游泳似乎是我理所當然應該嘗試的下一項運動。

加入當地競技游泳隊一年後，在某次游泳比賽中有人找上我爸媽，說我的速度夠快，可以參加帕奧會。那時我們從未聽說過這個比賽，還對此調查了一番。帕奧會是重要的國際綜合運動會，有各式各樣的身障運動員參加。在游泳項目中，最優秀的運動員根據自身的障礙情況，被分爲不同的級別，從S1到S14（這樣四肢癱瘓的選手就不會與盲人泳者競爭，以保持比賽公平）。我對這種挑戰自我的新方式感到興奮，爸媽也認爲這對我會是很好的經驗。

我參加了我的第一場帕奧會附屬比賽，即二〇〇三年身障人士游泳錦標賽，當時我還是個十一歲的孩子，熱愛游泳，尤其熱愛比賽。在人生的這個階段，我還是相信必須在所做的一**切**上獲勝，才能向世人證明我的價值。我也正處於一場漫長鬥爭的序幕：執著於腿部以上的外表，以轉移人們的負面注意力，讓他們不會注意到我沒有腿的事實。我開始挑剔其他部位的外觀，而且要得到每個人的欣賞，才會對自己的外表感到放心。我希望身體是完美的，儘管我缺少了其中一半。我希望剩餘部分完美無缺，我覺得這種完美程度能彌補其餘部分的缺失。我沒辦法控制自己沒有腿，但我能完美地化妝、美白牙齒、挑染髮色，還能穿得很時髦，很容易交到朋友。我想變得受歡迎，我需要變漂亮。只有這樣，我才會覺得已經彌補了膝蓋以上的殘缺。

別往下看，我這麼告訴自己。**讓旁人只想看著妳的上半身。**

即使沒有殘疾在身，現在的世界仍然常常見到這種心態：繼續裝下去，裝久了就成爲眞的了。我們試著融入，並將自己限制在自認爲會被接納的環境中，以避免任何潛在的拒絕。但這眞的有用嗎？因爲我認爲，跟過去相比，現在有太多人在苦苦玩著比來比去的遊戲。我們總覺得每一天都需要做得更多、做得更好。我當年必須學會改變這種觀點，以明白我就是我需要成爲的人、就是我原本的樣子，而這是我至今每天都還在努力學習的一課。但在成長過程中，我甚至沒辦法告訴你，我花了多少時間化妝，或是沒有美白牙齒就睡不著。因爲我會想：**既然妳沒有腿了，那至少可以有漂亮的牙齒**。當時我想控制我**能**控制的一切。很多人都希望能控制生活中的一小部分，尤其如果無法控制某個更大的特定領域。這也是我必須學習並努力擺脫的心態。

然而，當我走上這場身障比賽的泳池甲板，被如今熟悉的氯氣味包圍時，幾乎不敢相信眼前所見。

每個人看起來都像我。

每個人都與眾不同，就像我。

每個運動員都有某種身體障礙。他們都是年輕、強壯、頑強的泳者，來這裡比賽，就和我一樣。其中有人失去單肢或多肢，有著腦性麻痺、侏儒症、癱瘓，以及不同程度的失明。這裡每個人都「不一樣」，所以每個人都「一樣」。在這裡，「不同」就是

「正常」。我們彼此之間有某種連結，周圍都是像我一樣的運動員，我感覺就像在自己家裡。

開始轉變心態

那次開了眼界後，我開始穿短褲，拋下了多年來在「美腿」上穿長褲和UGG靴子的習慣。見到與我相似的人，讓我感受到全新的自我肯定。光是近距離見到跟我一樣的人，就迅速而劇烈地影響了我的自我形象，這意味著什麼？意味著「有人站出來代表你」（representation）的力量，這就是爲什麼在旁人身上看到自己是如此重要——看到那些模樣跟我們一樣的人，儘管我們是不符合「常態」的人。我突然覺得沒以前那麼孤單了。我的處境並沒有改變，但我的心態改變了。

《世界英語字典》把「心態」定義爲「一種習慣性或特有的心理態度，決定你如何解釋和應對某個情況」。我喜歡用「習慣性」這個詞，因爲它提醒我們，舊習慣可以被拋棄，新習慣可以被養成。你的心態是諸多想法和信念的集合，塑造了你的**思考習慣**。思考習慣會影響你的想法、感受和行爲。一旦我們決定去過想要的生活，就能訓練自己的心態，使其變得積極、堅強、有韌性。

我一直很難與輕言放棄的朋友和家人相處，因爲「輕言放棄」從來不是我能享受到的奢侈（儘管放手並判斷何時該認輸並沒有錯）。「輕言放棄」向來不是我的心態，以前也不是，儘管我爲了世人如何看我而苦苦掙扎。在我遇見帕奧會後，我這種「絕不輕言放棄」的心態反而變得更加強烈。透過看到其他和我一樣的人，我覺得得到了證據，證明我**能夠**做到任何我想做的事。就算我搞砸了或沒能實現目標，也只會讓我想下次做得更好。每一次經歷都只是成功的墊腳石，因爲我學會了享受挑戰自我，即使耗費了一點時間。我越是相信自己並在腦海中看到成功，越是看到它發生在身邊其他人身上，就越確定我能夠實現我想要的東西——不是因爲我需要變得完美，而是因爲我知道有個社群和我一起突破這些界線。這種心態開始深植於我決定去做任何事情的決心。

我戴著義肢行走時，如果覺得痛，我會對自己說：**好，至少走完五十步**。然後我重新開始數算——**再加把勁，妳能再走五十步**。如果我在街上購物，或只是做些對一般人來說很容易的日常事項，我知道我必須適應，而堅定的心態會帶來幫助。我會對自己說話，鼓勵自己——**妳做得到，潔西卡**。**這很困難，但妳以前也做到了**——尤其在我的日常鍛鍊中，或在與帕奧會運動員一起訓練時。正是這些心態上的小小轉變，幫助我度過了每一天，也讓我在最糟糕的日子裡不至於崩潰。

我發現，當我積極看待自己、充滿自信時，人們會注意到我，並將這一點反饋給我。我現在看到的，不再是曾經以爲會看到的厭惡或否定的表情，而是周遭人們的支持。有些是我正在尋找的積極正向，所以我看到了更多積極的回應。其中有許多是人們對我們的能量做出的回應，在看到這種新的體驗或互動時，人們會從我們身上得到提示——就像大多數人看到我穿著假腿時，也會得到提示。我們如何應對自己的經歷和挑戰，會激發他人如何回應我們。正是這些心態上的轉變，能改變整個人生觀。

改變對自己的定論

我以前去星巴克喝冰咖啡時，會因爲人們盯著我而難受，或害怕他們盯著我看。儘管游泳多年，儘管我贏得了金牌，走過紅毯，在數千人面前發表了演說，但僅僅只是去買日用品和食物，或在夏天展示雙腿，有時還是會讓我感到焦慮。我以前會想，**女孩，妳明明取得了那麼多重大成就，爲什麼某人盯著妳看，就會讓妳沒有安全感？**

一想到那些改變我世界觀的年輕身障運動員，我意識到遮遮掩掩其實是在傷害自己。在我決定改變爲自己下的定論，事情才會發生改變。我做出決定：**既然無法改變，那就接受。我的身體障礙不會消失。妳可以花一大堆時間討厭自己、試著讓自己完美無比，也可以成爲自己的主宰，掌控一切。**

我開始穿裙子或短褲走進星巴克，自信得走路有風。如果有誰問我問題，這就是我的機會，能改變我對自己的定論。人們感受到我的正面態度和興奮情緒，反映了關於這個世界和我的狀態。人們對我做出正面回應，在我排隊等咖啡時跟我攀談，在我離開時幫我拉門，對我友善微笑。這種微妙的轉變與我對人們的影響，向我展示了如何透過態度和心態，影響人們對我的看法。

改變了自我定論，也改變了我對他人的看法，讓我不再那麼苦悶、疲憊。我意識到，如果以羞愧和怨恨的態度看待自己的與眾不同，別人也會用同樣的方式看待我。如果我覺得自己可憐，就等於允許人們可憐我。如果你總是那麼自憐，憑什麼要別人以不同的方式看待你？但如果你眞的充滿自信，人們就不會知道你有時會覺得自己是異類，而是**只看到**你自信滿滿。當你改變心態時，不僅會改變看待世界的方式，也會改變世界看待**你**的方式。

我對自己的心態一直有這種控制力，你也有。你永遠有能力改變或修正心態，以積極的態度去面對自己的不安全感，這種態度也將激勵他人仿效。不要隱藏，而是改變定論，用你的回應爲世界帶來衝擊。

在不順利的日子裡，我也試著穿上骨腿，對身體來說是最舒適的，即使這會引起更多外界的疑問。當我感到不安並有意識地想躲起來時，我經常會想，**不行，既然這個**

想法出現了，那現在妳就必須穿上骨腿。妳必須以截肢者的身分呈現自己。因爲對我來說，骨腿的象徵就是「完全不躲不藏」。

我知道我已經很幸運了，竟然有機會選擇融入日常生活——這是許多身障人士做不到的。但如果我想隱藏自己的一部分，對世界上的任何人都沒有幫助。你也一樣。正是這些不完美，讓我們變得如此美麗、具有人性且眞實。如果隱藏、不做眞實的自己，就是辜負了自己的身分、能力和天賦。做眞實的自己，意味著擁抱我們原本的模樣。愛自己，愛所有艱難、醜陋的部分，所有我們認爲可能不那麼漂亮的部分，就因爲它在社會裡不算正常。

在這個世界上，大多數人都在自我形象上苦苦掙扎，比以往任何時候都更愛拿自己跟別人比較，而改變觀點的第一步，是明白我們就是自己應該成爲的樣子，而這是一件美好的事。我們如何應對自己的經歷和挑戰，將激發他人如何回應我們。

重建認知框架

●專注於正面、培養成長心態

當你邁向健康的自我形象和自我接納的旅程時，試著每天做以下兩件事，以幫助你將心態轉變為對你有幫助，而不是阻礙你的東西：

①在每個情況中找出正面的面向，或相信你最終會找到——即使你暫時還沒看到。重點不是迴避負面因素，而是選擇專注於正面因素。

②努力追尋「成長心態」。這種心態相信我們的技能和能力並不是生下來就固定的，可以透過每一次經歷、挫折或成功來學習和成長。

這聽起來可能是簡單的概念，但如果你習慣消極看待自己，或透過「融入大象」來尋求認可，就很難實踐上述的概念，像我以前那樣。我至今依舊每天反省自己，同時每天練習這兩件事，以保持正確的心態，我知道這能幫助你開始看到觀點的轉變。

第三章 接納還是迴避？

追逐正常人的世界

我十四歲時，就跟耐吉（Nike）簽了約。我在這輩子第一次參加的雅典帕奧會上贏得了三面金牌，十二歲就在國際舞臺上嶄露頭角。我永遠不會忘記對手凱倫・萊博維奇（Keren Leibovitch）在談論這場比賽的文章中說，「那個擊敗我的嬰兒」，以及我如何感到輕微地被冒犯，心想我**才不是**嬰兒。

我很快就發現，每次我打破紀錄，就會得到獎金，並獲得品牌贊助。儘管取得了驚人的成就，我卻還是在自我價值層面陷入苦戰。我依然把疑慮和恐懼藏在心裡，很少跟親友分享與日俱增的壓力和困惑。爸媽允許我動用一些獎金，剩下的都存起來以備日後所需。雖然小小年紀就能賺錢的感覺很棒，也增強了自我價值和家庭使命感，但我還是滿腦子想著每件事都是競賽，也依然整天想著讓外表保持完美，好讓人們把注意力從我缺失的下半身上移開。

我開始購買昂貴的化妝品和香水，看所有青春期少女能拿到的雜誌，我想成爲模特兒。我會用最時髦的衣服塞滿衣櫃——儘管我因爲擔心弄髒，其實也很少穿。光是知道這些時髦衣服在衣櫃裡，就能讓我維持住那種完美感。我一直在追逐周遭那個「正常人」的世界。

七面金牌的夢想

二〇〇八年，我十六歲那年，爲了即將在中國北京舉行的第二次帕奧會專心訓練。爸爸總是談到馬克·史必茲（Mark Spitz），他在一九七二年的慕尼黑夏季奧運會上贏得了七面金牌，每一面都創下了世界紀錄。直到二〇〇八年爲止，還沒有人打破史必茲的紀錄（直到那年的稍晚，麥可·菲爾普斯〔Michael Phelps〕在北京贏得八面金牌），他的成就激勵了我。**七面金牌**，我心想，**我也要**。我堅信十六歲的我能贏得七場比賽，徹底輾壓所有對手。能單獨參賽的項目最多就是七場，雖說通常也會有兩場團體接力賽，但要參加比賽後才會知道誰被選中。我把數字「七」貼在家中各處，列印出大大的「七」，還拿寄信用的地址貼紙把「七」貼在我的床上方、鏡子旁、筆記型電腦上，設定成手機鎖定畫面。放眼望去都能看到這個數字。

在家中，大夥總是談論著心靈和想像的力量。作爲訓練的一部分，我開始使用「視覺化」技巧來想像每一場比賽：我在水中向前推進時，水在我手裡的感覺，在漫長的比賽中調整自己的節奏，然後最後一次爆發力量，把自己推向泳池壁。最後，當我的手指碰到水下感測器時，計時器停止了。賽前，我會閉上眼睛，逐一進行游泳的每一個動作，想像自己贏得第一，站在領獎臺中央，主辦單位把金牌掛在我的脖子上，奏起美國國歌。我會一遍又一遍告訴自己，我是冠軍，振奮士氣。事實證明，這是能讓一切成爲畫面、提醒自己有何目標的好方法。這是我游泳生涯中一直延用的習慣，也是學會**看到**目標、大聲說出來，並利用自我鼓勵作爲動力的第一步。眼見爲憑——當你看到，就能相信。

把勝利跟自我價值畫上等號

在北京奧運之前，每個人都知道七面金牌是我的目標。鄰居爲我設置了寫著數字「七」的看板，而我每天早上醒來，都會把目光投向床上方的那個「七」。我就是打從骨子裡覺得這個目標在能力範圍內，一定會成眞。唯一的問題是，我的目標不僅僅是我**想**完成的事情而已，我已經開始把它跟「我是誰」，還有「我如何看待自己」聯繫起來。

有時，我們會把「我們做的事」和「我們是誰」混爲一談，來從中看到自我價值。游泳是我的一部分，但成功程度也開始決定我是誰。這成了我的使命感和自我價值感的個人指標——這是我向自己、家人和世界證明自我價值的方式。我的心裡沒有失敗的餘地，因爲失敗只能等於「毫無價值」。我花了四年，試著成爲拿下七面金牌的究極冠軍，現在我逢人就說我將贏得七面金牌。當你熱衷的事物成爲你的身分時，會有什麼後果？當你無法把自我價值跟你所**做**或完成的事情分開時，會發生什麼？

在北京奧運會上，我參加了一百公尺自由式、一百公尺蝶泳、一百公尺蛙式、一百公尺仰泳、四百公尺自由式、五十公尺自由式，還有兩百公尺個人混合泳（每一種姿勢各游五十公尺）。我在前兩場比賽中贏得了金牌，因此毫無疑問地確信，我將以拿下七面金牌名留青史——我將說到做到。每一項比賽都有早上的初賽，並進行多次預賽，以將競爭範圍縮小到前八名選手，他們將在當天晚上該項目的決賽中塡滿泳道。接下來是一百公尺蛙泳，但游泳選手不滿八人，所以跳過預賽，直接進入決賽。因爲蛙式主要靠腿部的力量來推動，向來是我最不拿手的，儘管如此，我當時仍是世界紀錄保持者。我全心投入下一場比賽，準備稱霸，全力以赴。我專注在水中的表現，爭取第三面金牌時，腦海中浮現「七」這個數字。我來到了泳池壁前，手臂從胸口向前激射而出……結果只拿到第三名。

感覺手指碰到泳池壁的那一刻，我抬頭看了一眼告示牌，上面列出了水中每個參賽者的名字，以及選手觸牆時的最後時間。我看到我贏得了一面銅牌。不是金牌，連銀牌都沒有。然後我看到隊友，我最敬佩的選手、帕奧會上視爲英雄的埃琳．波波維奇（Erin Popovich），在水中跳上跳下慶祝。她贏得了金牌，我爲她感到驕傲，但意識到七面金牌不再在我的能力範圍時，相當震驚。

把自己從水中拉出來時，失望感已經徹底壓垮了我。**我沒機會了**，我心想，**它消失了**。我這輩子——連同整個游泳生涯——一直在斷斷續續逃避的失敗感，現在追上了我，並開始壓垮我。儘管我光是在北京就已經拿下兩面金牌，這是大多數運動員夢寐以求的，但我對自己感到非常沮喪。我一直想著，**事情不該是這樣的**。我甚至不想面對爸媽或教練，我對自己感到羞愧又難過，因爲我讓我的夢想被奪走了。

雖然從表面上看來，這聽起來可能很愚蠢，甚至傲嬌，居然有人因爲一心一意投入的事情沒拿到第一名而沮喪。但當它會削弱你的自我價值感和如何看待自己時，就很難接受自己只拿到第三名。這一刻讓我感到自己毫無價值。失敗讓我失去了使命感，儘管我依然努力確保上半身在我這個年紀看來完美，但游泳，以及成爲最好的游泳健將，也成爲了我的**一切**。它已經成爲我的自我認知與自我身分的燃料，它已經成爲維繫我的自我價值感的東西。有時候，我們在人生中經歷的失敗和慘痛的教訓，比獲得的勝利和榮譽還要多。那麼，我們開始把「勝利」跟「自我價值」畫上等號時，會發生什麼事？

害怕自己沒有價值

每場比賽結束後，我們都會走過「混合區」，所有記者都在那裡等著採訪選手。我還沒從第三名的震驚中恢復過來，我仍感知到指尖觸摸泳池壁時的滑溜感，這時，一名記者看著我，她的第一個問題是：「失敗的滋味如何？」

在我情緒低落、需要一分鐘的時間來消化和重振旗鼓時，這個提問對我造成了沉重打擊。但這正是我的感覺：我覺得自己就像個失敗者。我沒有說到做到。大多數的運動員，都會爲贏得獎牌並站在頒獎臺上接受銅牌而感到興奮。但我沮喪透頂，甚至不記得當時如何答覆——好像是含糊其辭，因爲我的腦袋仍籠罩在「妳說的對，我確實失敗了」的迷霧中。我只記得這個問題證實了我所有的恐懼：**我確實是個失敗者**。

前往頒獎典禮的路上，我想到爸媽，緊張到胃又更痛了。我這時還沒見到他們，滿腦子只想著他們在想什麼。他們在人群中觀看並爲我加油，直到我只拿到第三名時，他們對我作何感想？

就在開始頒獎典禮之前，波波（我們爲埃琳．波波維奇取的暱稱）轉向正在排隊登上第三名位置的我，眼裡充滿了發自內心的困惑。「妳站錯位置了。」她告訴我，以爲我排名第二。當我糾正她「不，我得第三名」時，感到胃部一陣痙攣。她有點貼心地皺起眉頭，好像在說「噢，這一定很難受」，因爲弄錯而感到尷尬。而這一刻再次刺痛了一切。

典禮結束後，我去看臺後方探望家人，把媽媽拉進樓梯間，我徹底崩潰了。我坐在階梯上哭泣，問她是否還以我爲榮。對她來說，這相當罕見。我的家人不常看到我激動，因爲我很久以前就養成壓抑情緒的習慣。但我的羞愧感又回來了，告訴我我不夠好，我不屬於這個家，甚至不屬於游泳界。我在階梯上淚流滿面，抬頭看著她，問道：「你們還爲我感到驕傲嗎？你們還愛我嗎？」

這些疑問比我的眼淚更令她震驚。當然，在她眼裡，我根本沒失敗。家人向來支持我，無論我拿到銅牌還是金牌，他們都一樣以我爲榮，爲我的成功感到興奮。我媽媽也開始哭，我唯一能說出口的是：「拜託別哭了。」在北京水立方樓梯間的臺階上，我坐在媽媽身旁，還是不想讓她碰我，而聽到她說「當然，潔西卡，我愛妳，我們以妳爲榮」時，我鬆了一口氣。

我總是很難表達自己的感受，尤其是關於自身痛苦的任何感受或想法，不管是身體或情緒上。我媽媽以前常感到沮喪，因爲她帶我去看醫生時，我突然表現得好像一點病痛也沒有。或者我們赴約去見義肢師，調整我的假腿，我會表達不適，卻無法清楚描述哪裡痛或怎麼個痛法。即使在獲得銅牌的這一刻，我也想起了這一點——我沒辦法向她清楚表達出哪裡痛、爲什麼痛，因爲我還不能承認。我擔心他們會認爲我不再那麼有價值，我擔心如果我在任何方面失敗了，就不再值得成爲這個家的一分子。

我還是很討厭表現出脆弱，還是不想承認我認爲是弱點的種種跡象：痛苦、淚水、流露過多的情緒……在那個年紀，我認爲這些都算是軟弱。而因爲迴避我認知中的弱點，切斷了我處理任何弱點的能力，進而使我無法剖析並清楚表達它。在我遇見游泳時，我找到了一個空間來引導所有我還不知道如何表達的情緒。我在水中能表達自己，儘管不一定總是懂得如何向人們表達自己。在水裡是我第一次感覺自己處於公平的競爭環境中，但沒能贏得七面金牌，就是讓我莫名覺得連這個也被奪走了。即使在樓梯間的那一刻，雖然我對「爸媽還愛我嗎？」的恐懼減輕了，但我的失敗感並沒有減弱。

我充分利用了訓練的成果，盡最大努力把注意力集中在下一場比賽，盡量不被那面銅牌影響，而在後續的比賽上失去專注。在接下來的幾天裡，我完成了比賽，帶著四面金牌、一面銀牌和一面銅牌回家，在五十公尺自由式比賽中排名第五，沒拿到任何獎牌。整體而言，那次帕奧的經歷相當神奇，比我在四年前的雅典大會獲得的獎牌數量增加了一倍。但我沒拿到七面金牌。

獎牌不等於我的價值

我在這世上最熱衷的事，已經成爲我的身分，這意味著自我意識完全取決於我在做那件事時表現的好壞。這在日常生活中會透過多種方式發揮作用，例如，也許你將所有的自我意識和使命感，都跟你在學校或工作中取得的成就綁在一起，或是你對家人有多麼關心。但重點是，我們必須體認到，我們的價值是與生俱來的，而**不是**透過所做的事來贏得。

從你做的事情之中（你的愛好、從事的工作及所屬的社群）感受到簡單的滿足感，跟「讓你做的事情成爲你的**身分**」是有區別的。我們都希望事業成功、實現人生目標，也是健康且值得追求的。但還是得記住，「我是誰」跟我們身爲人類與生俱來的「價值」和「資格」，是分開的。我們給予世界和自己的價值，並不在於所取得的成就。一旦把自我價值或使命，跟取得的成就綁在一起，我們的自我意識就會變得不健康。即使你從來不覺得已經完成所有人生目標或發揮了潛力，你還是值得被愛、被接納和尊重。這是我最難以接受的一課。

我花了很長時間才放下「我的身分等同游泳成績」的想法。我把「我是誰」跟「游泳」這個單一件事融爲一體，而當這種心態受到挑戰時（當我開始面對失敗的感覺，並明白獎牌不該等同自我價值），突然不再知道我是誰、我是什麼了。我的自我價值居然與游泳無關，這個想法造成了一場自我認同的危機，使我難以繼續游下去。**如果我的價值不在於游泳，那爲什麼還要繼續游？**我必須提醒自己當初爲什麼開始游泳。我一次又一次告訴自己：**潔西卡，妳不只是個游泳選手。妳是熱愛這項運動的女孩**。

提醒自己，「游泳是我喜歡的事，但我的自我價值感不是**來自**游泳」，消除了追尋成功的壓力，讓我把注意力重新集中在熱愛運動上。我在離開北京後就不再深愛游泳了。我當時十六歲，游泳已經成爲了一份工作和一種身分，不再像起初那麼快樂。我幼時加入游泳隊時，並沒有把游泳當成我的身分。這種心態在什麼時候改變了？我們是從什麼時候開始認爲，必須貢獻什麼才有自我價值？

安靜的內在療癒

我們活在崇尚奮鬥、注重生產力的文化中，互相慶賀彼此為了做得更多、變得更成功而過勞、睡眠不足。在這樣的社會中，我們在自身的領域中取得的成就越多、成功程度越高，就等於我們身為人類有多少價值。雖然在我開始贏得獎牌、達成社會認可的深刻成就後，我的發聲確實變得更有影響力，但在公眾視野之外努力成長、變得更加成熟，並不會贏得任何獎項；當你學會管理情緒或成為更好的伴侶，也不會有人舉辦遊行來恭喜你。許多人都努力在爭取外在的榮譽，從而為自己贏得讚揚，而不是改善內在的情感根基。這就是為什麼我們會陷入把自己的價值和資格，跟目標、職涯和榮譽畫上等號的無盡循環。如果沒有人讚美我們的內在成長，我們就會透過為世界做出貢獻和建立外在形象來贏得讚揚。

這種心態發生了集體轉變，尤其在千禧和Z世代當中，我們越來越了解人生早期的創傷和成長所帶來的影響，並開始掌握療癒的方法。在網路的幫助下，尤其當我們在新冠疫情大流行期間，試著透過線上交流和分享照顧心理健康的方法來保持理智時，「討論內心掙扎」變得更加普遍。在「男人就該像個男子漢」和「瘋子才需要心理治療」的世界裡，我們看到一個世代的轉變，人們開始轉向更深入地挖掘內心，理解我們作為個人與社會的心理健康。我追蹤了一些Instagram和抖音帳號，專門致力於幫助人們成爲更完整的人，打破伴隨他們成長的創傷循環。這年頭，我們都懂得使用更具體的語言來表達這些情感，也能接觸到更多旨在了解自身及人類思路如何運作的研究。我眞的很希望這種情況能持續下去。我希望我們能體認到，並非所有的成功都是浮華和有形的。有時，我們能做的最重大工作，就是最安靜的內在工作。

離開二〇〇八年的北京帕奧會後，我需要退後一步，開始在內心進行安靜的工作。我參加比賽時很緊張，離開時感到沮喪又心碎。緊張，是因爲現在賭注似乎更高了，贊助和財務方面的機會能否增加，變得岌岌可危；心碎，是因爲我離開北京時沒能完成我的目標。在那些比賽之後，我不得不開始把「我所做的事」跟「我是誰」分開。身爲青少年，我還是需要周圍每個人的認可。我不知道自己在泳池外，或贏得獎牌之外的價值是什麼。

在身分感上苦苦掙扎

游泳一直是我的初戀，對我來說是第一件感覺不會變的事，也是第一個感覺像是屬於我的東西。我對此有發言權，我有選擇權。這就是身爲被收養者的艱難之處：在成長過程中，我一直在身分感上苦苦掙扎，不斷想著我並沒有選擇被收養，我無法決定理應最愛我的人（我的爸媽）是否接納我，這種感受在我成長時如影隨形。我很幸運能被如此美好的家庭收養，我無法想像沒有他們的人生，但我總是感到潛在的罪惡感，覺得我不是他們的，還有植根於「倖存者內疚」的罪惡感：**我**逃出來了，但還有那麼多孤兒依然沒有家。

不知爲何，我就是覺得有必要以某種方式證明自己的價值、證明自己夠好。游泳成爲證明這一點的途徑。游泳讓**我**擁有選擇權。正是在泳池裡，我意識到越努力，好事就會越多。我也知道，身爲沒有腿的女孩，游泳是讓我成爲一股力量、變得**強悍**，證明每一個懷疑過我或以後會懷疑我的人都錯了的完美出口。在這方面，游泳給了我自我認知的基本心態。游泳是眞正屬於我的東西。

水是我的第二個家，在水裡我感到自由自在。我可以躲在水下，在那裡我能完全做自己。在水中，我能盡情發揮天賦，沒人會把注意力集中在我的腿上。即使潛入冰冷的水中，我依然感到舒適，覺得渾身上下每一根神經都甦醒了。我繃緊肌肉，推動自己在水中前進，身體優雅地滑過池中。這令人疲憊卻又恢復活力，既痛苦又療癒。泳池就是我處理心事的地方。在水中，我感覺彷彿重物、鎖鏈全數脫落；在水中，我卸下了雙腿……也卸下了心裡的重擔。我一圈又一圈地游著，聽著身體劃過水面的節奏。我有無盡的思考時間。這種體力消耗給了我宣洩的出口，而在游泳時，腦子裡的時間給了我空間，去處理和解決其他時候逃避的事。我在水中感到安全，從十歲第一次接觸游泳，一直游過整個青春期。每當我對世界感到害怕、只想和其他人一樣時，我就想進到泳池裡，像其他泳者一樣屏住呼吸，沉入水下。

我對自己在北京奧運會上的表現失望透頂，這不僅動搖了我的心情，也動搖了我的自我價值和自尊感，意識到我得重新架構審視自我的認知框架。老實說，我不知道該怎麼做，但肯定需要想起怎麼再次愛上游泳，以及如何看到自己的價值和使命，而不只是泳池給我的東西。

沉重的內心苦痛

對「我是誰、我在世界上有什麼使命」感到安心，是每日的戰鬥，每天的挑戰有部分正是在日常生活中，讓我在「爲身體健全的人而打造的世界」中，感受到失去雙腿的重量。

我離開北京後，開始自我接納之旅，回想人生中讓我走到這一步的時刻。我記得跟家人驅車去維吉尼亞州馬薩納滕度假，我們在麥當勞前停下，店裡有個叢林健身遊樂區。爸媽會為我穿上緊身衣或縮口長褲，裹住我雙腿的末端，以免膝蓋感染病菌，這樣我就可以脫下假腿，更自由地活動，像其他孩子一樣攀爬玩耍。另一個家庭出現了，有個小女孩很怕我，儘管其他孩子並不在意，甚至覺得我超酷。我當時大概八歲（還沒發現游泳這種宣洩情緒的出口），她表現出的害怕模樣令我火大。她說：「別靠近我！我不想得妳那種病。」

我氣炸了。我在沒有假腿的情況下追她，追遍了整個攀爬架，把她逼到死角，就為了把她嚇得更慘。我和家人坐在桌邊吃冰淇淋時，她的爸媽來到我爸媽身邊，問我剛剛是不是在遊樂區追著他們的女兒跑——看來她不只膽小，也愛打小報告。

我說：「沒有，我才沒有那樣做。」

沒人跟我爭論，因為我是沒有腿的小女孩，所以他們回到自己的桌位。我相當確定，爸媽其實懷疑我鐵定有追那個小女孩，不僅是他們了解我的個性，也因為我的兄弟姊妹安靜得令人起疑。就算人們給了我們許多正面評價，但我們記得最清楚的往往是負面事件。這段回憶一直是我的核心記憶——這個隨機出現的女孩以為她會得我的「病」。

後來，我十二、十三歲時，和家人在「吉普斯」（Jeepers）餐廳參加生日派對。那裡可以乘坐小型的「飛龍雲霄飛車」，我和表弟麥克一起排隊，等候搭乘。有個和我年紀相仿的女孩和朋友排在我們前面。她們轉過身來，她簡單說了一句：「我覺得妳好可憐。」

在那個年紀，我早已習慣憐憫的眼神和無知的言論，這讓我難過，也超級厭惡，但我學會在這種時刻穩住自己。游泳和帕奧會爲我建立了更多自信，因爲我知道有其他人跟我一樣。我一手叉腰，看著她的眼睛說：「用不著妳可憐。老娘是金牌得主。」

這種時刻讓我了解到，我們會因爲人們不了解自己正在經歷什麼，而對對方懷恨在心。但我的旅程不僅充滿他人的無知評論，很多時候我必須做的，是拒絕讓思緒帶領我去黑暗之處，轉而專注在自己能取得的成就上，因爲成功才能爲我埋葬那種痛苦。

邁向自我接納的一大步，就是意識到我可以承認自己的痛苦。以前我一直往下壓、拚命壓、壓得太久，壓到甚至不敢正面承認痛苦。也許有些人也有這種感受。很多人在生活中可能都經歷過某種痛苦，而無論你覺得表達自己是不安全的，還是對痛苦視而不見會更輕鬆，你都以爲能擺脫它。我當時太習慣故作堅強、躲在自己的成就背後，導致難以把自己跟取得的成就區分開來，也把自我和貢獻給他人、這個世界和游泳這項運動的東西，全都混爲一談。

不敢觸碰真實的情緒

梅奧診所（Mayo Clinic）在二〇二一年發表了一篇文章，分享了關於身體如何承受壓力和情緒的研究結果，指出：「壓力症狀會影響你的身體、思想和感覺，連同你的行爲……未處理的壓力，有可能導致健康問題，例如高血壓、心臟病、肥胖和糖尿病。」

每個人都有自己的戰役，這些戰役呈顯的形式會是身體的緊張，也可能以其他方式表現出來。我的壓力症狀是胃酸逆流、焦慮發作及免疫系統減弱，身體容易感染病菌。我的身體每天都承受著「我跟別人不一樣」的壓力，以及被誤解的挫折感，無論是情感還是身體上。我的體內一直藏著恐懼，害怕在世上行走時表現出任何形式的弱點，或以任何方式尋求協助，而這意味著如果我需要幫助，就沒辦法繼續前進。對我來說這比什麼都可怕。

我的身體承受著手術的疼痛，以及無可避免的恢復期所帶來的壓力，既漫長又痛苦。我的身體暗藏著瑣碎日常任務造成的痛苦所帶來的壓力，例如去雜貨店購物或走過不平坦的地面。我的能量是有限的，遲早會筋疲力盡。此外，我戴假腿的時間越久，就越容易出汗；當膝蓋和斷肢出汗時，會感到不舒服，也可能會起疹子。關於我身體障礙的這些層面，一般人是看不見的，但每天都影響著我。我們都面臨著可見和不可見的挑戰，重要的是學會透過這個通用的鏡頭來看待自己和他人。我們不知道別人正在經歷什麼，所以每個人都必須接受**自己的故事**。

想像一下，從小就有這麼多的情緒包袱和被遺棄的創傷，再加上身體疼痛和義肢的物理重量（義肢的重量其實跟人腿差不多，只是不透過完整的腿部肌肉抬起；我的義肢是由殘留於膝蓋末端的一吋半骨頭控制，那截骨頭必須重複不斷地抬起八磅重的義肢）。然而，儘管有這麼多麻煩，我卻從來沒有好好坐下來讓自己眞正去感受情緒，反而躲在成就的背後。

如果我們允許自己眞正去感受情緒，而不是因此感覺被強迫什麼，不是倉促地用有毒的正面心態去掩蓋，會發生什麼事？在我們的文化中，鼓勵彼此只看到光明面並保持正面，有時會犧牲掉自己眞實的情緒，情緒被掩埋在假笑之下，無法宣洩。看到好的一面並不是壞事，我甚至會鼓勵這麼做，但好的一面不是全貌，更不是唯一能認可的部分。讓自己不帶評判地去體驗**所有感受**，然後在前進時選擇專注於正面，才是健康且有益的反應。但是，犧牲其他想法和感受爲代價，來強迫自己只感受到積極正面，這麼做是掩埋自己的情緒，而情緒遲早會破土而出。

我認爲，如果我坐下來，認眞思考我的處境帶來的所有重擔和壓力，以及如何影響生活，而且允許自己放聲大哭，然後說「是的，這眞的很辛苦；是的，這爲我的身體增加了壓力；是的，這個世界並不是爲我打造的」，會讓我**獲益匪淺**。先完全承認並接受自己的感受，這麼做對每個人都好處多多。即使是現在，我也必須提醒自己去眞正感受那些油然而生的負面情緒，因爲那是**眞實存在**的。

透過感恩獲得療癒

在學會大聲說出目標，並利用自我鼓勵作爲動力後，我的旅程下一步是承認自己一直以來壓抑的痛苦。我需要承認，自我價值和身爲游泳選手的價值之間，存在著不健康的關係，使我無法感受到眞正的自我接納。我們可以去感受情緒帶來的重擔，並承認自身的處境**可能**非常艱難。我們可以這麼做，其實，也**有必要**這麼做。

透過這個途徑，我就能接受事實。我意識到，只有當你接受了自己的處境，而不是否認或迴避，才能充分利用這些處境作爲武器或資產。如此一來，你將能在你的處境中控制自己的情緒，而不是被控制。你或許無法控制發生在身上的一切，但可以決定不在情緒上被干擾。

在北京奧運會之後，我經常發現我一整天都在心裡消極地對自己說些負面的話，無論是關於身體形象，還是自我價值。**妳不夠好**，我幾乎每天都這麼想。**妳就是什麼事**

都做不好。搆不到高處的東西時，我很容易感到沮喪；更換義肢上的鞋子頗爲費力，更是讓我沮喪透頂；穿上假腿時，我會感到惱怒或灰心，因爲我知道接下來會感到疼痛。無論是在訓練、活動期間、跟手足在家自學，或只是盯著鏡中的自己，我時時刻刻都覺得自己很蠢。大腦是個強大的東西，會相信負面的想法，但我發現它也會相信正面的想法。即使在感到悲傷或沮喪時，我也會提醒自己：那些刻薄又惡毒的想法並不是眞的。我開始練習有意識地對自己說正面的話——**大聲說出來**。我特別討厭自己時，會盯著鏡子大喊：「不！」我會大聲說出我的名字：「潔西卡，停下來！妳被創造出來的樣子非常美。這是妳的身體，它爲妳做了這麼多。」透過感恩來獲得療癒，讓我獲益良多。

陷入自我懷疑和質疑自我價值所造成的痛苦時，你有多常放慢腳步，想想身體爲我們所做的一切？我的身體幫助我度過最艱難的時期、最痛苦的手術、最困難的時刻，我相信每個人都有過類似的時刻。即使我們有身體障礙或外表不同於一般人，身體照樣支撐我們度過每一天，自我調節並推動我們繼續前進。

我當時必須問自己一個問題：**爲什麼我對自己這麼刻薄？**我的身體神奇得不可思議，即使經歷不同的人生季節，它仍做了神奇之事。即使在這一刻，在我寫這本書時，我正處於體重增加的季節，而這就是現實。我現在並沒有進行高強度訓練，正在四處旅行和演講，日常生活有點不平衡。我並不總是喜歡自己在鏡子裡的模樣，但也經歷過體重比現在更重的時候，我對自己的身體非常有自信、感覺很好。歸根究柢，重要的是做出選擇。我們的想法成爲一種選擇。有時，我們會選擇用負面的想法自虐，而這些選擇最終會成爲習慣。想克服自我懷疑和缺乏自我價值感，就必須繼續尋找方法來改掉這些壞習慣。而打破這些習慣的關鍵，是練習去感受自己、對自己表達感激。「表達感恩」大大改變了我的人生。只要專注在好的事情上（無論多小），就能徹底改變你的態度，這眞的很神奇！也很容易！任何人都可以停下來，花一分鐘想一些好的事情。也許你今天有充足的時間喝杯冰咖啡，或準時起了床，或只是呼吸到新鮮空氣。花點時間專注在好事上，會立即將你的觀點轉變爲感恩的空間。當你更深入地練習，發現與自己相關的值得感激之事，就會更加順利。

寬容和感恩的力量非常強大。向自己展示寬容與感恩時，會帶來療癒；向他人展示時，會建立連結和同情心。在我們發現弱點的地方給予寬容，我們的內在力量就會增長。透過這個過程，我一次又一次了解到，情緒波動（包括針對自己的情緒波動）都是正常的，我們必須學會寬容自己。在過程中，我們學會選擇感恩，選擇與目標一致的正面想法，而不是對不時出現的負面情緒視而不見。透過這個做法，我們學會寬恕自己和他人，也明白完全去愛和接納自己是需要時間的過程。請記住，這未必能在一夜之間達成，但我們必須完全接納自己，才能過上充實的人生。

• 3-2-1感恩練習

早上醒來，還沒開始新的一天之前，嘗試一下我喜歡的「3-2-1感恩練習」。深吸一口氣，吐出那口氣，然後看看鏡子裡的自己：

①大聲說出三件你欣賞自己的具體事物。別想太久，說出想到的第一件事。可能是眼睛的顏色，或是欣賞自己喜歡看書。

②然後說出今天期待的兩件事。再次強調：保持簡單。如果你很期待喝杯冰咖啡，就說出來！

③最後，選擇一個鼓勵或振奮人心的訊息，對自己說出來。

列出多少事項並不重要，若要讓這種練習融入日常生活、成為習慣，3-2-1感恩法會是很好的開始——特別是如果這會讓你感到不自在或愚蠢的話。其實，如果你有這種感覺，反而應該**多練習**，直到你看著自己的眼睛、說你多麼欣賞自己時**不再覺得愚蠢**，直到你對自己的價值不再感到不自在。也許你不習慣自言自語，但每天都嘗試一下，堅持一星期，看看是否會開始覺得不一樣。找一面遠離家中任何人的鏡子，開始欣賞自己。

你值得從自己嘴裡聽到對親密友人說出的所有關愛話語，一字不差。如果你願意，可以列出清單大聲說出來，或針對自己每一項美好之處（從內心到外在），發表完整的獨白。你還記得最好的朋友情緒低落，需要提醒他們是神奇、被愛、擁有使命的時候，你是用什麼方式跟他們說話嗎？請對自己也這麼做。

另一個有用的做法，是在自我肯定並想像當天的目標之前，先把小時候的照片貼在鏡子上。請你也試試：告訴相片上的那個小傢伙，你今天要對自己說什麼。你會對你曾是的那個無辜小傢伙說刻薄的話嗎？那你現在為什麼要對自己說刻薄的話呢？

即使你不認為自己是「充滿決心的人」，言語也有一種力量，會在更深的層次上影響你，因為跟自己相處得最久的就是你。開始在鏡子前發聲，成為自己最大的支持者。

第四章
兩個世界的碰撞

二〇〇八年帕奧結束後，我知道我得重新調整。多年來我一直壓抑著痛苦、假裝一切都很好，但它終究還是追上了我。我身心俱疲，知道若我想以健康的狀態出現在下一場奧運會上，就得停止忽視自己感受到的所有痛苦。我也說到做到了。我不再給自己太大的壓力，並提醒自己這一切的開端，都是因爲我只是個喜歡游泳的女孩。二〇一二年，我參加了倫敦奧運，想好好享受游泳和比賽的樂趣，並沉醉其中。在每屆帕奧會之前，都會進行四年的訓練，期間也會舉行其他比賽，這次我可不會讓自己分心或感到壓力。每天早上，我都會把比賽視覺化，能照鏡子時就對自己說肯定的話語。我全力以赴，最終以一面銅牌、兩面銀牌和五面金牌的成績，滿意地結束了比賽。我對自己取得的成就感到強大又自豪。但是，當然，人生總是會考驗我取得的進展。

意外聯繫上親生母親

倫敦奧運前夕，我在接受採訪時，提到希望有天能找到並見到生母。我有一些只有親生母親才能回答的疑問，也已經無數次想像過那一刻。但那個「有一天」，在我心裡始終是遙遠的未來。我對即將在倫敦發生的事情完全沒有心理準備。

奧運期間，幾個俄羅斯記者聯繫到我，告訴我已經找到了我的親生家人；俄羅斯運動員則開始在奧運村和帕奧村向我傳遞紙條。紙條上有我可以撥打的電話號碼，說他們在俄羅斯找到了我的家人，想安排我們見面。有一天，有人跟蹤我回到帕奧村的大樓，要求我給答覆，隨後更是經常發生這種狀況、甚至越演越烈，因此美國隊的官員在比賽最後幾天派了一名保鏢陪著我。我很困惑，不確定這是不是真的，是不是某種試圖讓我退賽的伎倆，所以我把這些訊息拋在腦後，試著專注在比賽上。

奧運會結束後，有人透過簡訊和臉書即時通，傳給我幾個影片連結，影片是俄國的熱門脫口秀，節目中展示了我的親生家庭。一切都是俄語，但透過谷歌翻譯和水上芭蕾隊俄羅斯友人的協助，我順利理解了節目內容。原來，我母親娜塔莉亞將我送養後，就嫁給了我的生父，接著又生了三個孩子——第一個是安娜塔西亞，然後是雙胞胎達莎和奧列格。我原本一直想著母親，只專注在她身上，但看來我在俄羅斯有一整個家庭。

多虧了社群媒體，我透過臉書與親生母親和妹妹聯繫上。安娜塔西亞是最先聯繫我的人，然後轉給我母親。與妹妹的首度線上對談非常溫馨，我們描述了各自的生活，她寫道家人愛我，並爲我祈禱。在第一次文字談話中，我坐在床上，回答「我也愛你們」時，我哽咽了。能跟他們連上線，眞的非常超現實，卻也感覺我們活在兩個完全不同的世界。我記得發訊息給安娜塔西亞時，爸爸從我身旁走過，微笑著問我：「跟妳妹妹聊天？」我立刻叫他走開，因爲我感到一陣尷尬。這場談話對我來說很私人，也不知道爲什麼，對我自己（或其他任何人）來說，說出所有出現在我身上的情緒並不安全。畢竟這是**我的**過去和**我的**俄羅斯家庭。我感覺這件事只發生在**我**身上，不想去考慮別人可能會受到怎樣的影響。

我還是有點震驚，不知該相信什麼，該如何應對。我這輩子大部分時候都希望這一刻成眞，但眞的成眞後，反而更困惑。不知爲何，我感到更憤怒，也更難過，彷彿我所有努力都化爲泡影。我以爲已經消化掉的昔日感受，正悄悄捲土重來。因此，經歷九月的帕奧會和之後的假期，我做了每次遇到挑戰或無法控制之事時都會做的事：游泳。我只想游過所有這些感受。我回到奧運和帕奧訓練中心（參加倫敦奧運前，我在那裡住了兩年），又待了九個月，然後收拾行李，搬回馬里蘭州。我加入鮑伯・鮑曼（Bob Bowman）教練的團隊（由麥可・菲爾普斯、艾莉森・施米特〔Allison Schmitt〕和其他奧運泳者組成），全身心投入游泳，同時試著在安全的水中處理對俄羅斯家人的感受。

我游了一圈又一圈，肌肉灼熱，任憑大腦飄向幼時的那些想法、坐在俄羅斯盒子前想像生母時的諸多疑問。我小時候就注意到兄弟姊妹的面部特徵跟爸媽有相似之處，我好奇世上是否有人的臉孔跟我相似。抵達泳池壁時，我會翻轉推身，進入狹窄的水下流線，露出水面，然後再游一圈。因爲所有關於我被收養的「爲什麼」都回到了水面上。

我向來認爲，我的人生有著不同的篇章和決定性的時刻。我早就知道我的人生故事中會有個章節是關於見到生母，但沒想到來得這麼快，也根本沒想過在那邊會有兄弟姊妹，甚至生父。我很想見到我的生母和安娜塔西亞，儘管得知她只比我晚出生一年半，但父母留著她，而不是我，讓我很難過。另外，我最小的妹妹達莎也有身心障礙，是智力方面，而我的生父母是在幾年後才生下她。但我還是覺得有點受傷，因爲他們擺脫了我，卻保留了她。

我游泳，消化思緒，繼續游泳，繼續消化思緒。但我眞的不知道要消化**什麼**或**怎麼**消化。我繼續跟生母和妹妹通信，來回翻譯訊息，主要是關於我們的家庭和接下來會有怎樣的生活的簡短對話。他們想見我，而我不知道自己的感覺是什麼，也不知道該有什麼感受。我當時二十歲，甚至不知道若決定跟他們見面，又該如何安排。

當時，倫敦的成績讓我獲得了贊助和獎牌、獎金，但我原本打算用這些錢買這輩子第一間公寓、支付日常帳單。沒有人資助我去俄羅斯訪親，但也許可以說服哪個贊助商或媒體組織出資，讓我的親生家庭搭機參加四年後的下一屆帕奧。然而，美國國家廣播公司電視臺聯繫了我的經紀人（可能是從我的諸多俄羅斯新聞中看到我的故事），說想贊助整個俄羅斯之旅，還配備口譯員和保鏢。他們會派出攝影團隊，製作我返回俄羅斯與原生家庭見面的紀錄片。我認為這種機會大概不會有第二次，決定把握。爸爸沒辦法放下工作，媽媽也知道她不會是我旅途所需的情感支持，所以我們決定最好的做法，是讓妹妹漢娜和我一起去俄羅斯。從二〇一二年九月的倫敦帕奧會，到二〇一三年十二月前往俄羅斯，我將在短短十四個月後與親生家庭見面。

我有兩個愛我的家庭，在那段時間裡，兩邊都在經歷各自的情緒，但一想到親生家庭，就一直覺得這只是我一個人的事，彷彿只有我在經歷這一切。我以前常常坐在鏡子前，想知道親生母親長什麼樣子……凝視著自己的倒影，讓我感覺和她更親近，我想像自己跟她有同樣的綠色眼睛，瞳孔周圍有一圈金環。我想知道她為什麼放棄我、是否記得我的生日，還有她是否像我想著她那樣，也想著我。突然間，全家人都看到了我的親生母親，和整個俄羅斯家庭的照片，我不確定突然向每個人敞開這個私密部分會有什麼感受。

情緒雲霄飛車

事實證明，當時不只有我經歷著雲霄飛車般的情緒波動。許多被收養的孩子，在某種程度上都爲失去了親生家庭、血統和文化而悲痛。即使是在健康和支持性的環境中長大，他們還是會在恐懼、焦慮、被遺棄和憤怒的情緒中掙扎。被領養的孩子比非領養的孩子，更容易有心理和行爲困難，他們常常經歷「模糊性失落」（ambiguous loss）的感受，這是一種悲痛或痛苦的感覺，加上對失去的某人或關係而感受到的困惑。即使是在滿一歲之前就被收養，就算對生母沒有記憶，也可能會經歷。這感覺就像是持續的創傷，因爲沒有答案或結束感。

然而你不必被收養，也能經歷與我相似的感受。我很幸運擁有充滿愛的家庭，不是每個人都有這樣的機遇。世上有太多人經歷過情感、身體，甚至性方面的創傷，這種創傷深得讓我們未必知道它依然存在。我曾說服自己，能靠自己處理情緒，但當我得知俄羅斯家庭時，這些情緒便開始浮現。每一個疑問、恐懼和不足感，都捲土重來。因爲我花了很長時間建造高牆來封鎖這些感受，等於排除了跟愛我的人一起處理情緒的機會。當你還無法完全消化自己的感受，就很難往外面看，從旁人的身上獲取支持。

卡拉．麥拉倫（Karla McLaren）在《情緒想告訴你的事》中寫道：「沒有情緒，我們就無法做出決定；沒有情緒，我們就無法解讀夢境和願景，無法在人際關係中畫下適當的界線或做出巧妙的行爲，無法辨識自我或支持他人的希望，也無法連結、甚至找到我們最親愛的人。」我們可能光是承認自己擁有強烈的情緒，就會覺得不安。除非眞的著手處理，否則情緒無法被釋放。情緒不會憑空消失，未經處理的情緒能量，要麼稍後會變得更強烈，要麼儲存在我們的體內，並可能導致慢性的健康問題。

我做出的其中一種努力，是**擴大情緒詞彙**，這樣就能說清楚我正在經歷什麼樣的情緒。深呼吸、說明自己出現什麼情緒，不僅能幫助我們處理，還能提醒自己情緒無法控制我們，因爲是我們在控制它。我做什麼都全力以赴，我的感受和個性一樣強烈。但並不是所有情緒都是憤怒或恐懼，有時是失望或不信任，有時我會充滿保護欲或感到不安。說出感受，有助於我做出適當的反應，並知道哪些感受需要更多關注，或與信任的人分享。

然而，當年二十一歲的我，還在試著弄清楚自己對一切的感受。我當時能表達正在發生的表面感受，但還有更深層的感受已被埋藏多年。除非你已經眞實面對了自己的感受，否則你與他人的互動將僅限於表面。

與俄羅斯家人重聚

在俄羅斯的第一站，是我被收養的孤兒院。在我當年離開後，這家孤兒院已搬進新的大樓，但我最終仍見到那位女士，當初我的美國爸爸來找我和喬許時，就是她將我交付給父親。她還記得我俄羅斯生父的名字，也記得當時我叫什麼名字。我和漢娜跟那裡的孩子玩了一下午，他們很高興能得到關注和關愛。這些孩子筆直走到我們面前，說想被抱抱，讓我十分心碎，同時也讓我意識到爸媽是多麼愛我。我爸那天走進這所孤兒院，一看到我就把我視爲**他的女兒**。他那天幫我換了衣服，然後帶我回家。他爲了**我**而來。如今親臨現場，讓我相信**爸媽給了我一輩子的愛是貨眞價實的**——我站在孤兒院外哭泣時，以全新的方式感受到了這一點。我在那個年紀還是很少哭，尤其在人前，但我在孤兒院（我在此地度過了人生的第一年）外接受採訪時，直接在電視臺工作人員面前哭了出來。

隨後，我們參觀了伊爾庫次克市另一所專門收留身障兒童的孤兒院。我看到這些身障兒童，知道我曾是其中的一員。我曾經和他們一模一樣。我以未曾經歷過的方式感受到了自己的根源，也對孤兒和經歷過收養過程的人感到心疼。就像許多覺得自己不被需要的孤兒和兒童那樣，就像許多在身分感和使命感、在收養和遺棄中掙扎的人那樣，我只想停止這些掙扎，不再抱持著受害者心態過日子。我原本一直無法放開或忘掉那種感受。

與此同時，我再次感受到一種、我現在明白是「倖存者內疚」的感覺。直到幾年後，我才有辦法完全理解，但即使在較年輕的時候，這種感受也困擾著我，徘徊在成就和情緒動盪的邊緣。這種感受是：**我脫離了困境，但其他孤兒沒能逃出來**。

像俄羅斯這樣的國家，在照顧身障人士方面做得並不是特別好。如今，這些人不再像以前那樣被隱藏起來，但身障孤兒還是會被直接送進公立機構，直到滿十八歲，而且得不到獨立生活所需的幫助。身為帕奧運動員，我認識幾個被收養的朋友，有幾個也來自俄國，我們彼此以一種難以言喻的方式相互理解。我們的故事有相似之處，但都各自有獨特的創傷和掙扎，有些人公開分享了小時候在孤兒院被迫性交易的故事，還有人向我傾訴還沒有跟收養家庭分享的痛苦和情緒。我常想，如果當初留在俄羅斯，我的人生會是什麼樣子？我知道我可能會遭到性販賣，而如果當初沒有被收養，我就永遠不會接受截肢手術或戴上義肢。這加深了我的倖存者內疚，尤其是看到孤兒院裡其他身障兒童可能永遠不會得到和我一樣的機會。

參觀孤兒院後的隔天早上，我們出發去見俄羅斯家人。身為職業運動員，我這輩子幾乎三分之二的時間都在接受訓練，贏得了無數的獎牌、獎項、紀錄和榮譽，經歷了無數次手術和恢復期，而且一輩子都是在少了半條腿的情況下過日子。但我這輩子做過最艱難的事，就是面對過去。

整個車隊從布拉茨克前往我家所在的村莊，白雪皚皚，整個旅程都斷斷續續下著雪。我比以往任何時候都更緊張，不斷重新塗上唇彩，並緊張地撥弄頭髮。我們把車停在被記者包圍的房子前，那兒被俄羅斯新聞團隊派來的保鏢封鎖了，我的家人允許對方拍攝這場重逢。而來自其他電視臺的新聞團隊，則在鄰居們的屋頂上嘗試捕捉即將發生的團聚畫面。我們的團隊和口譯先進了屋裡，確保一切準備就緒並做好安排，以免攝影師出現在彼此的鏡頭中。我和漢娜在廂型車裡等待，我努力呼吸，心跳聲在耳邊脈動。這是他們居住的地方，我即將見到我的家人。

我記得走過這間紫色小房子旁邊的院子。繞到後方，我即將見到他們。我緊緊抓住妹妹的手臂，以免摔倒在結冰的地面上。我能聽到家人在屋內哭泣。拐過轉角的同時，他們出來了，我立刻被母親抱進懷裡。我說了聲「嗨」，強忍著湧出的淚水。我擁抱母親，感覺她在我身上哭泣時，我的胸口有一種感覺，**我知道我已經原諒她了**。她哭著捧著我的臉，這是她離開那間孤兒院以來，第一次見到我，我記得當時我對這個給了我生命的女人滿懷感激。不管原因是什麼，她還是選擇給我機會，我相信我最終達到了上帝希望我成爲的樣子。**我注定要成爲潔西卡．隆恩**，但見到俄羅斯家人，讓我想起**我同時**

也是塔蒂亞娜，我為我的出身和故事感到自豪。

我問了母親一些問題，也聽到更多關於我出生的故事。她告訴我她當時很年輕，懷我的時候和外婆住在一起，她們照顧不了我的腿。她把我留在孤兒院，心想也許幾年後有能力時可以回來接我。**知道她想要我，為我帶來了療癒**。我和家人共進午餐，展示了我的腿，聊了這趟旅程，也告訴他們我已經原諒了他們不得不做出的艱難決定。有一刻我永遠不會忘記：我站在母親和妹妹之間，一起照鏡子，就像我在美國長大時經常做的那樣。我們三人都有同樣的金環綠眸。現在我知道自己看起來像誰了，也知道我來自哪裡。

踏上修復自我的旅程

我這輩子一直是個鬥士，總覺得兩隻手緊緊握成拳頭，總是處於防守和進攻的位置。但看著那面鏡子，看到自己、我的俄羅斯血統，我能感覺到握力慢慢放鬆了——那感覺很好。我一直努力耕耘自己，部分原因是最終決定探索童年的宗教信仰。每個人都有這樣的時刻：必須去挑戰自己接受的教育和成長方式，並真正決定選擇相信什麼。我在去俄羅斯之前，已經決定進一步探索我與上帝之間的關係。當我決定將生命交託給耶穌的那一刻，我感覺到祂開始打開我的手，**提醒我不是每場仗都得由我去打**。在那趟追根溯源的過程中，我開始覺得自己的手更放鬆了。我還是帶著很多包袱，但因爲一些問題得到了解答，我心裡頭的許多「如果」也獲得了解決。對親生父母那種直接的寬恕感，來自於我知道**上帝寬恕了我的一切，我又怎能不原諒他們呢？**

那次的時機非常完美，旅程也很療癒，但我仍然還有許多功課要做。即使在觀看製作完成的紀錄片《漫漫回家路：潔西卡・隆恩的故事》（*Long Way Home: The Jessica Long Story*）時，我也明白流下的眼淚並不是積蓄了二十年的淚水，那不可能涵蓋所有仍在進行中的情緒和療癒，只是從裂縫中流洩而出的淚珠。我經歷過身體的痛苦，已不再害怕，但我**確實**害怕精神上的痛苦。我想撐下去、忽略它，但身爲運動員，也知道眞正的傷害需要醫師、康復、休息和復健。這道情感創傷深得無法被忽視，需要我允許身體進行同樣的療程。

我們都會在人生中遇到這樣的時刻：必須停止假裝一切都很好，開始面對長期以來拚命視而不見的艱難感受——也許就像我那樣，你甚至不確定該如何消化或處理這些感受，而承認現在的處境及想要的最終目標，療癒才會開始。如果不確立自己的立場和想走的方向，就無法向前邁進。你需要辨別正在苦苦掙扎的感受是什麼，以及它來自哪裡。我們最不喜歡的，就是揭開昔日傷疤，檢查隨之而來的疼痛。但除非承認它並停止假裝它不存在，否則傷口永遠不會癒合。寬恕、感恩和療癒並不會憑空發生，眞正的**力**

量也包括堅強得足以承認自己的感受，並努力復健。

重建認知框架

• 善用情緒輪辨識情緒

使用左頁的情緒輪，或上網找你喜歡的情緒輪。無論選擇哪一個，都複製到你的日記裡。下一次當某種情緒占領你，而你無法準確說出它的名字時，拿出日記，從輪盤的最中心開始。

哪個字最能概括描述你的感受？恐懼？厭惡？生氣？快樂？難過？驚訝？惡劣？

第二道環，是用來辨識你選擇的第一個類別底下更具體的情緒。

如果你感到難過，是因為孤獨嗎？還是因為覺得受傷或內疚？

從這裡開始，輪盤要挑戰你，進一步分解那個情緒，直入你可能正在感受的最具體情緒。

寫下那個情緒，然後大聲朗讀。如果你寫下任何其他內容，也請大聲說出來。想自在地判定自己有什麼情緒，其中一個好方法就是對自己大聲說出來。

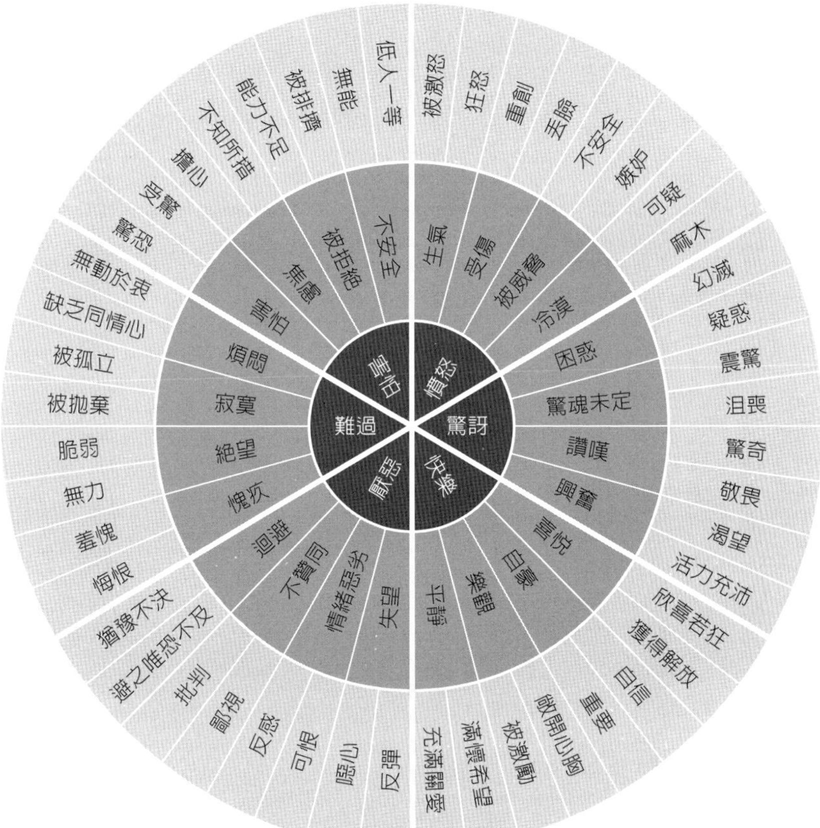
憤怒
驚訝
快樂
厭惡
難過
害怕
生氣
受傷
被威脅
冷漠
困惑
驚魂未定
讚嘆
興奮
喜悅
自豪
樂觀
平靜
失望
情緒惡劣
不贊同
迴避
愧疚
絕望
寂寞
煩悶
害怕
焦慮
被拒絕
不安全
被激怒
狂怒
重創
丟臉
不安全
嫉妒
可疑
麻木
幻滅
疑惑
震驚
沮喪
驚奇
敬畏
渴望
活力充沛
欣喜若狂
獲得解放
自信
重要
敞開心胸
被激勵
滿懷希望
充滿關愛
反彈
噁心
可恨
反感
鄙視
批判
避之唯恐不及
猶豫不決
悔恨
羞愧
無力
脆弱
被拋棄
被孤立
缺乏同情心
無動於衷
驚恐
受驚
擔心
不知所措
能力不足
被排擠
無能
低人一等

第五章

生命的低谷能帶來最大的成長

療癒無法靠一次頓悟就實現

我也希望療癒能透過一次頓悟來實現：某一天的一個重要時刻，讓你震驚得摔在地上，改變了整個人生觀。但我發現療癒、寬恕、成長和改變，會在一生中持續發生。有些重大時刻可能會激勵你向前邁進，並極大地影響你的旅程，但並不能抹去所有看似微小的時刻，或是辛苦爭取的微小改變。

在俄羅斯與原生家庭會面後，我繼續前進，開始爲二〇一六年在巴西里約熱內盧舉行的帕奧會進行訓練。由於與上帝建立了新的關係，加上回到俄羅斯面對過去而得到了結局感和寬恕感，我覺得輕鬆許多，但還是有尚未面對的感受。我的一生都在質疑、憤怒和壓抑的情緒中度過，而這一切並沒有因爲跟原生家庭見了一次面就神奇地修復。

我開始和「法蘭絨友誼會」上認識的男人約會，那場聚會是朋友邀請我參加的，由教會的教友主辦。他名叫盧卡斯，很有魅力，也很會鼓勵人。我們安排他一起去里約，看我在帕奧會上游泳。這對我來說是全新的季節，我也準備好迎接這次的競賽壓力。

帕奧會讓我染上憂鬱

此時，帕奧會在美國國內受到更多矚目，最終進行了電視轉播。帕奧運動員吸引了比過去更多的贊助，代表可以賺更多錢。不幸的是，關於「刻意虛假陳述」的謠言，從一開始就甚囂塵上——這是作弊，運動員在接受分類時捏造自身身障狀況的嚴重程度，然後在實際比賽中游得更快，做出的肢體動作超過最初宣稱能做到的程度。作弊替這些運動員帶來巨大的優勢，因爲他們的對手是身障程度比他們更嚴重的選手。根據功能障礙程度，帕奧運動員被分爲S1至S10級（編注：數值越大，障礙程度越低）。S11至S13適合視力障礙選手，S14適合智能障礙選手，S15適合聽力障礙人士。就在比賽之前，兩個S9選手的分類下降了一級……直接進入了我的S8級別。

在里約熱內盧帕奧會上，我的許多世界紀錄都被打破了，感覺就像一記重拳打在肚子上。那年競爭非常激烈，我居然和那些**有腿而且能用**的女性選手一起比賽。其他國家游泳隊的朋友告訴我，他們爲作弊的隊友深感抱歉和羞愧。這些女孩在我的級別中贏得金牌，並打破多項紀錄的三個月**後**，又回到了原本的S9級別，這時大家才意識到她們在里約奧運會上根本不是處於正確的級別。爲了金牌而賭上一切時，就會有人想盡辦法作弊。

里約徹底改變了我。我深愛帕奧會的最大原因，是我能跟和能力相當的人競爭——他們和我一樣是截肢者，這是奇妙的經歷，我從沒想過能得到那樣的體驗。里約奧運會之所以變得讓我難以接受，是我知道我正在與級別更高的人競爭——而原先分級是有原因且必要的。這種舞弊現象讓我苦悶、生氣，因爲我覺得沒有得到美國隊的支持。人們對我說，我只是輸不起的魯蛇，報紙和社群媒體上也看到這種言論。距離北京的毀滅性打擊已經過去了八年，我的回應是：「我以前輸過，現在也有可能輸，我知道那是什麼滋味。但我拒絕輸給分級錯誤的選手。」一旦這些選手回到正確的級別，就再也無法打破任何紀錄。來自愛爾蘭的一位泳將因此退休，因爲她是眞正的S8選手，她對此感到沮喪。「我沒辦法跟那些S9競爭，」她說，「這就是爲什麼我在S8級。」

里約的舞弊現象，奪走了我一度熱愛的事物所帶來的快樂。游泳曾擁有讓我大開眼界的使命感，曾爲我帶來那麼多的希望和自豪，因爲我看到像我這樣的人在最高舞臺上競爭。我帶著一面金牌、三面銀牌和兩面銅牌離開里約。我爲那面金牌奮力拚搏，泳池甲板上所有的官員都沒打擾我，而我在賽後只是躺在泳池邊，因放鬆而哭了出來。

很多運動員都經歷過奧運的賽後憂鬱，而這種憂鬱對我造成了**沉重打擊**。里約賽事之後，我感到前所未有的低落，覺得憤怒、被背叛、困惑、疲憊，且**沒有價值**。我這時已經二十四歲了，「沒有價值」這幾個字仍在生命和思想中縈繞。

我清楚記得里約奧運後的某個早晨，我凝視著臥室窗外，看到陽光明媚，知道這是美好的一天。然而，我感到空虛，只想睡回籠覺。我躺了一會兒，做出決定：這不是我，我得邁開腳步。我喜歡早晨，喜歡例行事項，喜歡開始新的一天。但那一刻，在經歷了里約的極度失望之後，我根本不想面對新的一天。我根本提不起勁去做平時期待的任何事。我不得不強迫自己起床，強迫自己度過每一天，但疲憊、沮喪與不快樂一直如影隨形。

儘管我持續深入了解盧卡斯（日後成爲我丈夫），仍舊陷入了不健康的境地。由於需要感受到「我的人生我說了算」，我開始在意體態，尤其想變得**更苗條**。我在平時都吃有機食品和有機零食的家庭中長大，每天都會吃媽媽爲我做的蔬果拼盤，被教導要爲身體提供充足的燃料。尤其身爲運動員，我總是被鼓勵「身體叫我吃多少，我就吃多少」。早上我會用大碗吃小眾品牌有機穀片，還有四顆雞蛋、吐司和一根香蕉。我超愛吃，完全不覺得丟臉，甚至從沒想過「吃東西」會是什麼**丟臉**的事。

但住在奧運會和帕奧會訓練中心後，一切發生了變化。我跟隊友會跑去附近吃到飽的餐廳，裡頭有各式各樣的菜餚，而我最喜歡的是義大利麵吧檯。我知道體重增加了，但不認爲這有什麼大不了，直到教練在我們固定會吃熱巧克力聖代的星期五，說我不能再吃冰淇淋了。也許他只是在開玩笑，但人們選擇的笑話中總帶有一點眞相，而我們的身體並不是笑哏。諷刺的是，我體重最重的時候，是在兩百公尺自由式游出最快成績的時候。從那之後，我再也無法游出近似的佳績。

眞正讓我減輕體重的，是切除扁桃腺後。因爲吃喝會不舒服，我瘦了十五磅，每個人都開始評論我看起來有多棒、有多瘦。看到這些反應，我才想，**噢，我原本眞的有那麼大隻嗎？我原本看起來有那麼糟嗎？**

我創建了完整的Pinterest版塊（編注：可按主題添加和管理圖片的社群網站），還在手機上儲存了宣揚有毒宣言的圖片，像是「最好的味道，莫過於當個瘦子的滋味」，以及「汗水就是脂肪的淚水」。我有時候乾脆不吃飯（切除扁桃腺後沒辦法吃東西，所以體重減輕），不然就是如果覺得吃太多，會自己催吐。我姊姊阿曼達有次逮到我催吐，告訴我這樣會傷害食道並毀掉牙齒，之後我就不再這麼做了，因爲我不想造成永久性的身體傷害。我試過素食一段時間，但仍然不夠。我變瘦了，肚子也變得前所未有的平坦，但已經六個月沒有月經，感覺很虛弱。

在鮑伯．鮑曼的團隊游泳時，選手們進行了稱重，但這與游泳訓練完全無關。我們在六天內進行了十次游泳鍛鍊，同時進行了重量訓練。我和另一位運動員奉命在橢圓機上進行額外的四十五分鐘鍛鍊，以增強耐力。她笑稱這四十五分鐘是「減肥營」，因爲我倆是團隊中最重的兩個女孩，我們覺得教練這樣安排應該不是巧合。有一次，我連續三週每天只喝咖啡、吃幾塊小起司（是的，因爲我看了電影《穿著普拉達的惡魔》），我不太清楚自己當時怎麼有辦法以零能量完成所有訓練。三週後，我記得坐在教練對面，精神不濟、筋疲力盡，而身體已處於飢餓模式不知多久，他對我說：「妳需要減掉更多體重。」

有毒訊息可能伴隨我們一輩子。里約賽事之後，我感到麻木空虛，又開始關注起體態，隨即陷入混亂的飲食模式，並討厭自己的身體。我沒辦法控制別人的行爲，沒辦法阻止我訓練了四年去參加的比賽發生舞弊行爲，但我可以控制自己吃什麼、不吃什麼。

我們的人生都有不同的季節，遇到低潮時需要空間來復原或休養一段時間並沒有錯，但我們的身體還是值得被照顧、餵養和愛護。雖然我試著告訴自己，很快就會好起來，一切都會好起來，但這次我擺脫不掉憂鬱。雖然我向來不喜歡爲自己貼上憂鬱的標籤，但在我努力試著「愛自己」並找出歸屬時，心裡總是有點兒悲傷。經歷奧運後的憂鬱症時，我感覺更難認爲自己有價值或值得被愛。我覺得自己是廢物。

開始接受心理治療

我對抗著憂鬱，也對情況沒有好轉而感到憤怒。我認識深受憂鬱症所苦的人，從來沒有因爲他們需要幫助而貶低他們。但當我親身經歷，卻嚴厲批評自己，並感覺一直在逃避的軟弱席捲了我。

我終於接受了心理治療，繼續克服過去的創傷和復原過程。我在二十幾歲之前從沒接受過心理治療，但多年來一直壓抑關於被收養和自我價值的所有感受，都加劇了憂鬱。我需要整理在俄羅斯見到原生家庭產生的感受，還是得克服心靈和身體多年來承受的重擔。我需要更多協助，來釋放所經歷的創傷和痛苦。眞正的療癒是涵蓋你的每一個部分，包括身、心、靈。當我成爲基督徒，我希望能感覺到上帝帶走我的所有掙扎，但事實並非如此。解決了靈性層面的問題，並不表示你在現實世界中不用再付出努力。

我最終找到的那位治療師，對我來說再完美不過。我立刻就喜歡上她。我記得第一次正式會晤，我坐下來滔滔不絕。那次會面，對我來說是件大事，但等我到了那裡，才意識到自己其實根本不知道該怎麼做。我說得飛快，試著讓她了解我整個故事，並向她展示自己很**堅強**，然後才分享當時的低潮。我原以爲是來談論游泳，以及在里約的表現。在最初幾次會面中，她聽了我覺得需要談論的內容，每當我讓她插幾句話時，她會輕輕把我帶向童年的方向。我開始把從未考慮過可能有關聯的事情聯繫起來，例如我「個性」的一部分其實是創傷反應，也是我學會應對創傷的方式。我開始學習挑戰自己最初的想法和反應，看看那是否真的是我想成爲的那種人的一部分，還是其實是我在求生狀態下形成的反應。我談到了俄羅斯、兩個家庭，以及我居住的兩個世界。

治療一年後，人們也注意到了改變。當初就是盧卡斯強力鼓勵我接受心理治療，也是他把我介紹給那位治療師。盧卡斯注意到我看起來更輕鬆，頭腦也更清醒。我在美國帕奧隊有一整個教練團，有些人在我十二歲就認識我了，他們在二〇一七年的世界錦標賽上對我說，他們發現我看起來更健康，對隊友更有同情心，而且變得期待幫助其他人，不僅僅是專注於競爭。我以前很討厭像受害者一樣的無助感，但最討厭的是任何聽起來像藉口的說詞。我從不給自己找藉口，不管處境如何，我總是專注於在逆境中獲得逆轉勝，這種心態讓我不像現在這麼富有同情心——而人們注意到了這些變化。現在，我知道每個人都有眞實的創傷和經歷，我們都在努力克服一些事情，這讓我成爲更有同理心的人。

現在回想起來，我當時感受到的重擔顯然與游泳無關。當然，我確實在乎訓練和自己的表現，而且我有職涯目標，但這並不是讓我如此憤怒的原因，這並不是爲什麼多年來一直覺得我必須證明自己的價値、證明自己是値得被愛的。

學習了解自己的創傷

接受心理治療時，我不僅學會如何處理創傷，也學會了創傷到底是什麼。創傷是我們對負面經驗的情緒反應。你沒辦法改變或抹去你的過去，但可以療癒昔日事件所造成的情緒、精神和心理上的傷害和創傷。我知道我可以控制自己的療癒過程，也想爲未來做到最好。我想更了解自己是誰。

以前我常說這樣的話：「我沒有創傷，那只是我的人生而已」「我不怕被拒絕」，以及「這個嘛，她的經歷看起來比我更慘啦，所以我好得很」。你有多少次像這樣輕描淡寫自己的感受，告訴自己有人過得比你更慘，所以哪有資格抱怨？不然就是叫自己咬牙忍耐，因爲受苦的不只你一個？這些感受不僅破壞了我的感受和經歷的可信度，也讓我把「日子過得比我輕鬆」的人視爲弱者，不公平地貶低了他們的重要性。如果我在經歷戰鬥時說一切都**好得很**，那麼任何表示自己正在經歷困難的人，在我眼中看起來都是可悲又愛發牢騷。我知道這聽起來很刺耳，也很討厭自己當年就是這麼想。但當你把創傷往下壓時，它還是必須以某種方式顯現出來。

我當時把自己的眞實創傷和經歷，視爲「對抗這些標籤並繼續前進」的理由，但我現在明白，不是每個人都以這種方式面對創傷。我們的經驗能解釋自己的感受和某些行爲，但應該記住，它還是沒辦法消除我們行爲的任何後果或該負起的責任。它可以是「原因」，但不能是「藉口」——不能是壓抑自己、與世隔絕，尤其不能是傷害別人的藉口。而我說這種話的立場，是身爲一個在「不能傷害別人」這部分並不總是做得很好的人。對我來說，這是最困難的事情之一——意識到我因爲自己的痛苦而傷害了別人。

我們必須在接受和理解自己的創傷經驗之間找到平衡，而**不把**創傷經驗當成延續負面行爲的藉口。事實上，我認爲這兩件事是相互關聯的，也是療癒過程的重要部分——我們必須先接受並理解**自己**的創傷，**然後**就會明白不能用它來傷害別人。這使我們能夠同情自己，同時繼續努力成爲最好的自己。這種平衡使我們能對他人表達同理心，同時堅守自己被對待的標準。如果我們繼續以受害者自居，不爲自己的人生故事發聲，就會持續不斷讓創傷循環下去，甚至代代相傳。

這並不是說你的感受、憤怒不是眞實的，或你不是受害者。能夠退後一步，查看行爲是如何被你對創傷的相關感受所決定，是需要時間的。最終我們每個人都必須按照自己的節奏來復原。你可能無法控制發生在自己身上的事，但在時機適合的時候，你會開始發現，擁有的力量比你想像的更多。

療癒過程中有挫折，也有進步

你不必向任何人證明你的創傷，但**必須**對復原過程負責。而療癒過程並不總是線性的，就像處理悲痛一樣，療癒也有不同的階段和時節。你可以靠自己完成這些工作，經歷許多成長，結果還是得度過一個艱難的時節。但這並不會奪走你努力的成果，也不會抹殺你的成長。經歷一段艱難時期，並不代表心理治療或對自己付出的努力不再有用，或事情不會再次好轉。

即使在我寫這一章時，新冠病毒大流行的日子對我來說也很艱難。奧運會和帕奧會因此延遲了一年，我感覺人生各方面都完全偏離了軌道。我沒游泳的時候，並不是最好的自己。我相信運動和憂鬱有直接的關聯，所以對我的精神和情緒狀態來說，「無法擔任運動員」是那段日子最難熬的事。然而，這些困境並沒有消除「心理治療非常順利」的事實，也不代表一**切都很糟糕**。

我在這段期間有過挫折，也確實陷入掙扎，但也需要提醒自己所有的進步、我已經走了多遠。一些看似微小的勝利，對我來說卻是最重大的。我學會了尋求幫助，並允許人們協助我。我允許自己卸下武裝，無論是在日常生活中，還是在有數千人的舞臺上演講時。我確信，如果你坐下來認眞思考微小的勝利，會得到比想像中更多的東西。你是否允許自己尋求幫助，哪怕就這一次？你能否注意到目前存在的恐懼或情緒，即使是在事後才看見？也許你和伴侶吵架時沒有發脾氣，這就是一場勝利！

大多數聽眾在演講和活動結束後來找我、告訴我他們最有共鳴的是我與人們分享人生故事中最醜陋和最可怕的部分。我花了好幾年才理解並分享人生故事的這些部分，才終於鬆開緊握的拳頭，眞正讓人們進入我的心扉。

我意識到自己復原過程的一部分，需要公開反對帕奧會上變得越加猖狂的作弊行爲。我與一位記者談過，並在《運動畫刊》直接點名一些游泳選手。作弊行爲是比我個人更重要的問題，所以我必須說出來，儘管這對我來說意味著賭上一切——我的贊助商（包括耐吉），以及在墨西哥、瑞士和世界各地的演講。在《運動畫刊》上發表了里約大會結束的文章後，一位人父聯絡我，感謝我的發言。「我女兒十四歲，」他告訴我，「她甚至不想再參加帕奧了，因爲那充滿黑箱作業、不公不義。」

儘管我感到憤怒和疲憊，但我知道必須爲那些覺得自己沒有聲量的人發聲。對我來說，竟然能同時感到充滿力量又疲憊不堪，這實在太瘋狂了。我收到了來自世界各地的訊息，支持我大聲疾呼，尤其因爲有些國家甚至禁止運動員說出「C開頭的那個字」（classification，「分級」）。儘管「用自己的聲音來表達這個問題」賦予了我力量，但我還是在對抗憂鬱症，以及「這麼做有什麼意義」的感受。

回饋社群，找回初衷

我有能力跟治療師和家人討論憂鬱症，而不斷回歸其上的想法，是「我不能繼續執著於過去」。我需要轉移焦點，也意識到我不再熱愛游泳了，再次認眞考慮退休。因此，我沒有像往常那樣強迫自己重新投入訓練，而是讓自己處於泳池旁邊的位置，同時回饋社群。我需要找到一種動力，而它不是把我的價值跟能贏得多少獎牌掛鉤。

我開始在美國各地的「Fitter&Faster 游泳營」舉辦「游泳診所」，與不同的游泳隊談話，訓練他們一天。與年輕的游泳選手談話眞的超開心，他們專心聆聽，想把我所說的一切全部吸收到腦子裡。他們在那裡，是因爲他們喜歡游泳，喜歡跟朋友在一起。這讓我想起成爲職業選手前的所有回憶，我當時游泳是爲了社交、逃避，還有得到歸屬感。這讓我想起在把自我價值感跟成就綁在一起**前**的感受。

我決定接受高中女子游泳隊教練的工作，因爲這能讓我擺脫自我，把注意力從自身和內心掙扎上轉移開來，專心回饋社群。我教這些女孩游泳技巧，她們則讓我重新愛上游泳。她們讓我想起游泳其實很有趣，我喜歡指導她們，跟她們合作，即使在泳池之外。有幾個月我還是依然感到低落又沮喪，但開始感覺一種使命感回到了身上。我很氣自己無法擺脫在里約大會上感到的失望，但當我不再試著強迫自己甩掉這份失望，並專注於積極地活在當下、每天給自己一點私人空間時，開始自然而然地放下了。

每一天，我都越來越深入談論自己起起伏伏的感受；每一天，我都更能接受自己的低潮和高潮時刻。我開始讓自己三不五時休息片刻，有些日子允許自己不帶批判地進入夢鄉。我向來做什麼都是全力以赴，所以對我來說，找到平衡、在狀況不太好時給自己留點私人空間，並不容易。我允許對自己寬容，不強求每天都全力以赴，允許自己去睡覺、復原，這是將價值與榮譽，還有我能做的事情分開的重要一步。

上帝讓我找到我的身分

在執教期間，我開始回歸自我，記住我的身分不是來自外界，不是來自游泳，不是拿到第一名。對我來說，我能記住這一點，主要要感謝信仰：我的身分是在耶穌基督之中找到的。我不斷努力把自己的身分融入其他事物，花了很多時間與上帝談話。我不明白無償給予的愛和歸屬感。我上教會大部分的時候都覺得自己像個詐騙犯。「臣服」「信仰」這類想法，對我來說並不容易接受。我習慣了依靠自己，跟別人保持距離。我應該讓這位看不見的上帝進入我心裡嗎——就是那個決定讓我失去雙腿的上帝？我不確定我是否喜歡這個主意。

當時我很難敞開心扉討論信仰和諸多疑問。但我發現有很多像我一樣的人，想走自己的路，並與我分享同樣的掙扎和疑問。那些人公開講述了他們的信仰之旅和不完美之處，但他們用心去愛，幫助我在找到自己的聲音時感到更自在，也更自信。

現在回顧一生，我能看到上帝是如何在這一切當中讓萬事互相效力，在正確的時間點帶我經歷正確的事，讓我學到需要的教訓。我的掙扎讓我擁有了這個平臺，向他人講述我的故事。祂給了我家庭，讓我媽在第一眼看到我的照片，就把我放在心裡。祂引導我去游泳。我現在知道上帝可以處理我的懷疑、憤怒和其他一切。我試著置身於平靜的地方，明白我是被愛的，儘管當時我未必總是記得這一點。

我們都必須自行決定把自己放在什麼位置。它不能是有形的東西，因爲那可以被剝奪。它必須來自你的內心；你靈魂中的認知與歸屬感，不能由任何其他人事物決定。這方面負責提醒我的是信仰，但也許提醒你的，可能是一種根深柢固的信念，一種「要讓這個世界變得更美好」的責任感，或是與人們建立深厚連結的心願。我了解到，你的根基上一定有些東西能讓你扎根於這個眞理。

把痛苦轉化成使命

這一次允許自己痊癒後，我終於做出決定：我還沒準備好退出泳界。我已經考慮了幾個月，但在里約熱內盧的表現後，我不想就此放棄游泳。有時候，某件事一直如影隨形、揮之不去時，意味著你需要重新審視。也許你該完成這些經驗的整理工作，這樣就能在繼續前進之前學到一些東西。又或許，你需要重新審視，是因為現在還不是拋下的時候。我知道帕奧還沒有成爲我的過去。我想參加二〇二〇年在東京的比賽。跳回水中並再次開始訓練之前，我需要休息一段時間，擺脫自我束縛。

大約同一時期，我也開始在學校、女童軍活動、贊助活動，以及不同的公司和企業中進行更多公開演講。如果你聽過我的演講，那可能有聽到我要你找到你的「爲什麼」。找到你的「爲什麼」，就是找到與生俱來的使命。與其問自己「爲什麼偏偏是我」，你該問「爲什麼不能是我」。這是找出內在驅動力的一步。是誰告訴我們哪個人注定不配擁有美好的事物或生活？我常常問自己：**有個人必須因爲失去雙腿，才能夠分享人生故事，過著我正在過的人生，那個人爲什麼不能是我？**

我的「爲什麼」從需要不斷證明自己的價值，到必須將每件事做到盡善盡美，最後轉向回饋豐富了我人生的運動：游泳。我的「爲什麼」，最終演變爲成爲他人的支持者，並利用我的平臺，替拚了老命卻得不到我所得到的人們發聲。我的「爲什麼」，從外在的、追求榮譽，以感受到自我價値、使命和資格，到努力解決內心的情緒障礙，讓我找到能投資於眞正使命的力量：以人類的身分繼續成長，爲他人發聲。在這方面，我想不斷成長，甚至超越對自己的期望。

對我來說，我的使命感伴隨著身爲運動員、身爲人類所承擔的責任，並作爲對他人的潛在激勵。這個使命現在成爲我的燃料。我喜歡「把痛苦轉化成使命」的這種心態，從很多方面來說，這就是我所做的事。每個人都需要找到讓自己欲罷不能的事物。哪件事能激發你心中的熱忱和使命，並改變你的生活方式？

你的身分必須基於內在，而且可能在「它如何影響你的『爲什麼』」，以及「你覺得使命是什麼」這兩方面產生交集。但你的「爲什麼」可以包括其他人，以及你想與他人建立的關係、影響周遭世界的方式。也許你的「爲什麼」是照顧家人、爲後代子孫留下更美好的世界、回饋社群，或想將最熱衷的事情做到最好。熱忱和使命是齊頭並進的。找到你的使命，這會激發熱忱；找到你的熱忱，這將爲使命提供燃料。每個人的「爲什麼」可能都不一樣，這再正常不過。

游泳教會了我很多東西，一直延續到生活中，像是韌性、毅力和紀律，但最重要的教導是：我們都需要他人的協助才能成長茁壯。從我十二歲起，陸續有許多教練教我該怎麼做：「不要用這個部位呼吸」「把手移到那裡」「轉動腰部」「別讓腹部下垂」「收小腹」。正是這些接連不斷的修正，讓我不斷成爲更好的運動員。想像如果每個人都有人生教練從旁鼓勵、指正，注意到我們身上發生的小事，並指導我們在生活中該每天持續不斷地做哪些事。我有好幾次獨自訓練，有時甚至沒有教練，但若有教練糾正我、有團隊激勵我，我總是會游得更快、更好、更專注。我最終決定接受心理治療，也出於相同的原因，這爲我提供了一個小社群，在那裡我能自由探索昔日的創傷和經歷。

因爲不想打擾任何人，太多人想獨自走過人生，不然就是覺得自己不值得被幫助。然而，即使你沒有人生教練或選定的導師，也絕對有必要就近尋求團隊的激勵與安慰，一起走過人生。是我的社群，讓我學會了愛、寬容、友誼和喜悅。不是每個人都能理解你，但還是應該找到愛你和支持你的人，同時也爲他們提供愛與支持。**憂鬱症是孤立的，而療癒發生在社群中**。

人生轉瞬即逝，所以我想活得充實。我的平臺源自身爲泳將的成功，但現在我在這裡，知道我有責任使用我的名字和獲得的機會，來繼續推動包容性的重要，並提醒身障運動員、孤兒及努力爭取歸屬感的人，他們都值得被看見和重視。我相信多數人都會同意，我們的人生旅程並不完全是自己期望的。人生就是有辦法打斷我們的計畫，但我們有權決定，要利用這些時刻和季節來推動自我前進，還是任憑它阻礙自己發揮潛力。

因爲你猜怎麼著？起起落落、失敗和勝利，以及其間的一切，依然是**我**人生故事的一部分，也是**你**人生故事的一部分。我們內心還有那麼多的成長和冒險。戰鬥還沒結束。

重建認知框架

• 五個問題，找出你的使命

寫下你對以下問題最重要的五個答案。

①我想成為什麼樣的人？
②我想實現什麼目標？
③我想帶誰一起去？
④我不能沒有什麼？
⑤我想留下什麼？

找到這些答案的交集處，或是理出思路的規律，能幫助你定義自己的價值觀，理解對你來說什麼是重要的。這對於找到你的「為什麼」，是很好的起點——是什麼動機推動你每天起床，並做到最好。接下來，運用答案寫一些句子，作為你的人生使命宣言。

第六章

衡量成功的標準

缺陷和差異讓我們無比美麗

「潔西卡，妳那麼做眞是太勇敢了。看看妳所經歷的一切，還有妳現在的地位。妳堅強、大膽、有影響力，而且美麗。妳應該爲自己感到驕傲。」

我瞪著臥室的鏡子，一面高高的立鏡斜靠在房門和梳妝臺之間的牆上，我對自己說這些話，直到相信。我讓這些話語在沉默中沉澱在周遭，感覺到無比熟悉的懷疑和沮喪開始消散。有時候，當我覺得自己缺乏吸引力，或沒有持續遵守訓練與睡眠計畫時，就比較難說出這些話。我對自己的要求很高，儘管一直刻意對自己說正面的話，有時還是很難說出口，我覺得大腦只想列出自己所有的缺點。但我還是繼續盯著鏡子，在開始相信這些話語之前拒絕離開。

我們甚至沒意識到，缺陷和差異反而讓我們變得無比美麗。我們不明白自己的小怪癖和習慣，讓我們變得獨一無二。所以，我們必須提醒自己，而且經常這麼做，直到**自動相信**。當我們開始相信這些關於自己的正面話語時，就會看到自己擁有的所有潛能。當我們養成「自愛」和「自信」的習慣，就會置身於能產生勇氣和膽量的空間。

在寫這一章之前的夏天，我跟先生與姻親一同去家族旅遊。通常，若我跟不常見面的人共處，會感到更加不安，因爲對方未必習慣我日常的行事作風。我很愛盧卡斯的家人，但已經好幾年沒見過他阿姨和堂兄弟了。我太習慣身邊都是運動員、帕奧運動員、截肢者和家人了，等到他們突然不在身邊，才強烈意識到這件事。

第一天早上，所有親戚都去了海灘，我正準備出門，對「在海灘上穿假腿」緊張得不知所措。我平時是穿著「日常腿」，它有皮膚，看起來更眞實，但這次我打算穿上「骨腿」，因爲我不想讓「日常腿」被沙粒磨損。這將是我第一次在海灘上穿骨腿。儘管我很喜歡穿戴這雙腿，也自信得願意展示，卻突然覺得很不自在，不想去海灘。那一瞬間，我覺得自己變回了十幾歲，想全年穿長褲，而且需要讓兩條腿看起來像是眞的。我記得當時對鏡中的自己簡短打氣：**潔西卡，妳眞是太勇敢了。看看妳所經歷的一切，還有現在的地位。妳堅強**、**大膽**、**有影響力，而且美麗。妳應該爲自己感到驕傲！**儘管很緊張，但我還是強迫自己出門。我不打算整個旅程都躲在房間裡，而且我也值得去海灘享受享受。

好，開始吧，妳必須勇敢。妳經歷過那麼多，已不再爲此感到羞愧。妳行的。我走出去時感覺非常不一樣，覺得鬥志高昂。儘管一開始我覺得每個人都盯著我，但還是強迫自己抬頭挺胸，和姻親一起在海邊享受下午時光。

勇氣是會傳染的

第二天就更容易了。我戴上義肢，走到海灘上，爲下午的活動做好準備。我坐在大毛巾上，抬頭看到一位只有一條腿的女士在兩個孫子的攙扶下，從水裡爬上來。我們注意到對方，我決定過去打個招呼。她告訴我，她在聖誕節期間失去了一條腿，所以她成爲截肢者只有大約七個月，這對她來說是新鮮事。我們聊了一會兒，她的孫女告訴我，他們就住隔壁，前一天看到我出現在海灘上。她說阿嬤一直待在房間裡，不確定是否要以截肢者的身分去海灘，所以兩個孩子就跟阿嬤轉述，在海灘上看到我戴著義肢。今天是她在腿部截肢後第一次來到海灘。

其實那天早上我跟盧卡斯的家人會合時，腦子裡只有緊張和裝出來的自信，但我已在不知不覺中激勵了這位女士和**她的**家人。我昨天一直在爲**自己**打氣，叫自己要勇敢、像異類也沒關係，但我根本不知道隔壁房間有個新的截肢者，也需要同樣的鼓勵。她走出房間，是因爲她知道自己並不孤單。

我們永遠不知道，光是運用自己的人生故事就能影響誰——即使你走出去的時候感到緊張、遲疑、害怕，像個異類。你永遠不知道誰正在觀看你的旅程，正在從中學習。我們都聽說過「善良是會傳染的」，這也是事實。但你猜怎麼著？勇氣也有感染力。

既然她做得到，那我也做得到。

當你有勇氣去大膽嘗試最讓你害怕的事情，就會產生漣漪效應。你永遠不知道你的勇敢時刻會影響到誰。

不斷踏出第一步

我向來有這樣的心態：「好吧，總得有人帶頭去做這件事。爲什麼不能是我？」

爲什麼不能是你？

我最近和一位叫茱莉亞的朋友通電話，她也經歷了與我類似的過程，從被收養和童年創傷中恢復過來。她也是截肢者，而且和我一樣，對自己的要求很高，而這可能會造成情緒傷害。我在談話中一度打斷她，只是說：「嘿，妳有沒有停下來想想，自己已經走了多遠、做得有多好？我非常、非常爲妳驕傲，希望妳也以自己爲榮。」

這場談話對我倆來說都是美好的時刻，讓我們意識到自己其實很少回顧自身的成長。我跟她個性相似，對目標非常專注而堅定，總是滿腦子想著達成下一個目標。然而對我來說，審視她的人生並看到她的成長，要比審視我自己的人生和成長更容易。對她來說，仰視我並承認我的勝利，要比看到自己的勝利容易多了。我們常常更容易發現**別人**好的一面，卻只看到**自己**的缺點，或是人生中尚未完成的工作。我們對自己的批評最爲嚴厲，但眞的該學會爲自己和取得的進步感到驕傲。

爲自己設定目標並創造動力，確實很重要，但我希望你在過程中也別忘了停下來反思。反思你已經走了多遠，反思你還在這裡，還在繼續前進的事實。也許你前方有一座山，但當你花點時間轉身查看，可能會發現已經爬到了半山腰。

在我們踏出的每一個小步伐中堅持不懈，會帶來指數級成長，但有時最艱難的部分是**踏出第一步**。我不知道有誰能在任何時候、任何季節，總是堅持不懈。沒有哪個公式能讓你永遠充滿動力、按計畫完成任務，並蓬勃發展。抵達那個境界是可能的，也是我們的目標，但人生是混亂的，而且沒有人是完美的。有時我們必須調整並重新確認優先順序，這也很正常。我們可以停下來喘口氣，重整旗鼓，休息一下、好好恢復。我們走過人生、尋找自我、獲得療癒時，可以重新考慮前進的方向，重新考量哪些事對我們來說最重要。有時我們一開始該做的就只是打好根基，才能繼續邁向成功。

最成功的人，是「不斷踏出第一步」的人。我們找藉口，通常是因爲不信任自己而感到恐懼。我們擔心朝目標踏出第一步，會讓自己看起來很蠢或丟臉。我們害怕事情變得太過艱難，遲早會放棄。我們不想在失敗時成爲眾人的笑柄，也不想面對如果半途而廢會怎樣看待自己。但我協助你踏出第一步的方法，是幫你澄清和重新定義「失敗和成功」。

失敗是不可避免的。我知道這聽起來並不有趣或令人振奮，但這是事實。失敗是「讓我們取得自己定義的成功」過程的一部分。失敗是墊腳石，告訴你哪裡出了問題、該如何調整、下次怎樣做得更好。看過我的人生故事後，你會發現我曾如何將自己的價值跟成功綁在一起，反而害我在失敗時變得輸不起。然而，正是那些失敗時刻給了我最寶貴的教訓。我們的目標往往是成功，但我正是透過失敗而學會如何成爲更好的人、更好的運動員。

所謂的成功，就是能夠在每個人生季節進行適應和調整，並始終找到平衡。隨著生命的轉變，你需要隨之改變，否則可能會被擊垮。在我尋求並獲得平衡時，人生中的各個季節看起來都不一樣：有些季節更專注於游泳，有些更注重心理健康；有些季節更在乎演講和贊助，有些則更看重婚姻。所謂的成功，可能需要你在人生的每個季節採取不同的焦點。在你人生的每個季節，所謂的成功可能有所不同，但沒人能決定你在某一個季節的成功是什麼樣子——只有你自己能決定。

如果你總是失去平衡，你在人生某個領域能達到的成就便會受限。如果我精神疲憊，在訓練上就會事倍功半；如果我三天打魚、兩天曬網，在情緒上就會感到更負面而不安。每個領域都會影響其他領域。如果你想做到最好，就必須給予每個領域所需要的不同專注。有時我們需要調整關注之事的優先順序，確認哪些事項得放在最前面。不同季節有不同的需求，是很正常的。健康的人生就是需要平衡。

我想成爲世界上最頂尖的游泳運動員，並在職涯中表現出色，但我**也想**成爲善良、慷慨、快樂又自信的人。這需要努力、專注、決心、練習、毅力、失敗，而且在失敗發生時**重新踏出第一步**。你不必表現得完美，也不必等到狀態完美時才踏出第一步，否則永遠跨不出去，你總是能找到理由拖延。現在就邁開大步向前吧，一步一腳印。所以，讓我們花點時間誠實面對自我，了解自己在害怕什麼、找什麼藉口，下定決心：不管怎樣，踏出第一步就對了。

做就對了

站在鏡子前，提醒自己「我在經歷壓力或不知所措時，是什麼樣的人」，這有效幫助我度過了情緒的艱難時期。而且我總是習慣把目標寫下來、每天查看，會讓目標變得更加眞實、栩栩如生，並始終牢記在腦海中。我決定徹底致力於某個目標時，周圍的提醒有助於保持動力、堅守正軌。

來自丹麥奧運代表隊的朋友，來我家裡待了幾星期，決定在訓練期間的十四天不吃精緻糖、牛奶、麩質，看看怎樣的飲食能讓她感覺體況最好。她把十四張紙貼在牆上，每天拿掉一張，來直觀地呈現進度、離結束還有多少天。如果你覺得這樣很浪費紙，當然可以採取更環保的做法，像是把目標設置成手機和筆記型電腦的桌布，或在家中掛起白板，但重點是大腦喜歡「看到」進展。如果想成功，就需要每天提醒自己走在正軌上。

除了視覺提醒，大腦裡頭還會發生一個稱爲「編碼」的生物學過程。編碼是指我們感知到的事物進入海馬迴、被分析，然後儲存在長期記憶或被丟棄。而寫作會改善編碼過程，有助於重新配置大腦迴路，並養成習慣。換句話說，把事情寫下來，就更可能被記住並落實在生活中。

有些人的確比較擅長鼓勵自己，但無論你是哪種類型，有時候自我激勵就是會變得困難——這就是爲什麼若有「問責」的搭檔來鼓勵你實現目標，會很有幫助。我之前提過團隊的挑戰會提升我的游泳成績，而「旁人的激勵」適用於生活的各個領域。周圍有人推動、鼓勵，會使我產生鬥志，點燃內心的自我激勵。你生活中有誰總是推動你，讓你變得更好，而且幫助你維持正軌？想一想，這個人是不是很適合擔任問責夥伴，協助你達成目標。

如果你是第一次嘗試，問責夥伴可能會讓你感到尷尬，但可以試著把他們當成與你朝著相同方向前進的人。你跟誰分享你的夢想和目標，知道他們就在身邊、一路上會一直鼓勵你？當你需要幫助時，誰會願意伸出援手，讓你繼續邁出腳步？就是你的問責夥伴或團隊。讓他們知道，並鼓勵他們繼續鼓勵你。鼓勵他們給你需要的嚴厲或溫柔的愛，以點燃克服恐懼或實現目標的動力。我們的目標是保持「努力不懈」。你每天的選擇會成爲習慣，而習慣會塑造你成爲怎麼樣的人，而「問責」在這方面爲我們提供支援。一旦習慣了努力不懈，就更容易保持這種節奏並繼續前進，這會賦予你動力去實現目標。這些習慣會開始改變你整個人生。

當我們試著實現情緒或身體方面的目標時，經常會評估「嘗試一件新事物」或「做出改變」的相關風險和犧牲，判斷是否值得成功帶來的回報，以及能獲得的益處。但這不是我們應該採取的方式。任何事都需要犧牲，你可以在每一個決定上都衡量風險與回報——無論是決定生孩子、恢復體態、擺脫債務，還是存錢買房子。你想要的任何目標，都需要時間、努力不懈和犧牲。因此，別再衡量必要的時間、所需的努力和犧牲的相關風險了，這只會讓你去找更多藉口。相反的，**做就對了**。

有一種風險叫「從不踏出第一步」

衡量「決定開始新的人生道路時，必須承擔的風險和犧牲」，只會增強你對踏出第一步的恐懼，反而忘記了「從不邁出第一步」會有什麼風險。如果你總是找藉口，甚至連試都沒試，就把自己撤出戰場呢？人生一眨眼就結束了，你該準備好賭上一切。我很喜歡美國幽默作家爾瑪・邦貝克（Erma Bombeck）的這句話：「當我在生命的盡頭站在上帝面前，希望我沒有留下任何一丁點天賦，我希望能對上帝說：『我已經把祢給我的一切都用得一乾二淨。』」別忘了衡量「沒好好把握人生」或「無法成爲想成爲的人」的代價多麼沉重，這往往比擔心「邁出第一步」要承擔的損失還要重。

最成功的人，或在生活中的任何領域取得眞正成功的人，都是因爲冒了險而取得成功。他們在途中當然也經歷過失敗，但他們讓失敗成爲燃料。我永遠不想成爲坐在椅子上嚷著「昔日時光多麼美好」的那種人，滿腦子只想著過去，而不是去過夢想的人生。我不想每天活在「如果我當初怎樣怎樣」的懸念下，沒去徹底追求熱衷的事情，或者沒充分發揮潛力。這才是我更不想承擔的風險。我希望你也是，我知道你也是。

最後，問問自己：**我該如何爲人生的艱難時刻做好準備？**我希望每次站上泳池邊緣、準備比賽時，知道已盡所能爲這一刻做好準備——我爲了目標和訓練努力不懈，也準備好全力以赴。我不想讓人生有任何遺憾，我知道你也不想讓你的人生有遺憾。最常讓我們後悔的是自找藉口、不願爲了追求心之所願而全力以赴。人生永遠會有艱難的時刻，但我們做準備的方式，是立足於自我接納、自我價值感，以及對人生這趟旅程的信心。

隨著年紀增長，我們對風險的抗拒似乎也越來越強。孩童總是無所畏懼，他們的世界圍繞著自己，以及當下想要的事物打轉。他們從不考慮風險，想做就去做。隨著年紀漸長，我們開始學會保護自己，靠自己在世界上生存下來。即使我已經三十一歲了，還是能感覺自己對嘗試新事物或去新地方旅行比以前更緊張。在我年紀還小，或十二歲開始在沒有家人陪同下獨自旅行時，甚至我十八歲成年時，都不曾如此忐忑不安。隨著時日經過，我們逐漸了解這個世界，以及自身的限制。這些都是求生的有利情報，但當我們太過關注負面因素、**做不到**什麼、哪些事情可能出錯，而不是我們**做得到**什麼、哪些事情**不會出錯**，就會慢慢失去充實的人生。我們會躲進心裡，讓恐懼占上風。

我不想隨著年齡增長，做得越來越少、恐懼越來越多，而是想變得更大膽、更有自信。我想利用多年蒐羅的智慧來挑戰舒適圈、嘗試新事物，並相信只要還有一口氣在，就有目標。沒有哪個人應該隨著年紀增長，就失去人生目標。無論你幾歲，正處於什麼季節，都可以爲這個世界和身邊的人做出貢獻。

建立邁向夢想的路線圖

那麼，我們該如何積聚動力，並制定可實現的目標以取得成功？當我還是個憤怒而堅定的十二歲女孩，取得初步的成功，她清楚知道自己要什麼，也願意打拚。但要保持領先，參加過去五屆帕奧和無數游泳比賽，贏得金牌並打破世界紀錄，需要意圖明確的訓練，連同對具體目標的理解。

首先，我在腦海中清楚看到想要的東西——大的東西，看似瘋狂的目標，就像參加北京奧運前在房間裡貼滿了數字「七」。我看到自己站在頒獎典禮的頒獎臺上、中間的冠軍位置。我看到自己在一個平臺上，與成千上萬的人談論他們的人生目標，以及彼此的差異之美。我有份清單，列出我想獲得的大額贊助，以及想合作的公司，豐田是其中之一，而我現在正在和他們合作。我一直想當模特兒，也獲邀參與雷夫羅倫（Ralph Lauren）、耐吉和Arena的宣傳活動，並出現在《Elle》（我是第一個登上封面的帕奧運動員）《Teen Vogue》《運動畫刊》等雜誌上。我花了多年時間倡導帕奧會，並有幸成為許多合作品牌贊助的第一位截肢者或帕奧運動員。所以，大膽一點吧，毫不猶豫為自己想像**最大**的目標。如果你連想像都沒辦法，那就不會成真。把目標寫下來，完整的夢想，千萬別用筆劃掉或告訴自己「這永遠不可能實現」。

接著，把寫下的偉大想法分解成逐步的目標，從大想法到小步驟。既然現在看到了完整的目標，那你需要做些什麼才能實現？別問自己，「我接下來要做什麼才能抵達想去的地方？」因為如果你此時還沒準確想像出想去的地方，這種提問就可能讓你不知所措或困惑。該想的是：「既然我現在知道想去哪裡了，有什麼步驟可以讓我抵達那裡？」

如果我們連目標都無法想像，就很難抵達想去的地方。因此請把每一個步驟拆解得越小越好，直到找出所有具體的小目標，會讓你在努力前進時更加專注、動力十足。你可以將這些步驟分解為每月、每週，甚至每日目標，取決於想實現什麼，以及哪些思考方式更適合你。記住：保持簡單。步驟越簡單，就越容易實現。你會開始看到動力持續地累積，而這會讓你充滿幹勁。

我喜歡從今天的目標開始，一旦想像出正在努力奮進的遠景，就從今日目標開始著手。「向前邁進」的第一步，是從你**現在**擁有的能力開始做起，並以此為基礎，直到安排出一個不會催促或給自己壓力的時程表。我會規畫一週的日程，把一些小事納入例行公事，以實現每月的目標。例如，我曾經有一個月努力早起。我在早上安排接下來一整天的會議和活動，迫使我比平常更早起床。我早上六點起床、去游泳，然後吃早餐並小憩時，感覺精神最好。但我意識到已脫離了這種習慣，所以當我開始為二〇二四巴黎帕奧進行訓練時，就把這個作息重新融入生活中。如果你也對此感興趣，可以設定「早起」這個目標，哪怕每星期只有一天也好。接下來，持續累積。

然後，決定你**今年**的目標是什麼。既然小目標和新的例行公事已經成為習慣，那麼可以為明年增加哪些目標，來更接近你的夢想？三年後會是什麼樣子？五年後？目標變大時，不要被嚇倒，不要讓它在腦海中顯得遙不可及。記住，你今天唯一要關注的就是**今天的**小目標，將它當作指引，保持專注並堅守正軌。然後採取下一步，接著更大的一步，依此類推。「寫下目標」會需要將腦海中的渴望帶入你的現實世界。寫下來的目標就成了真實之物，而這是朝你設想的人生邁出的一大步。所以，花點時間慶祝一下吧！

你可以每隔幾個月或每年年底調整一次書面目標，會發現哪些做法更適合自己。如果需要調整目標，不要因此洩氣，或放棄寫出來。有時會遇到挫折，沒關係，別讓挫折毀掉一整天或一整週。別讓一個小小的挫折，毀掉你心中的整個目標。

以游泳來說，在休息一段日子後的第一次練習很有趣，感覺也很好。但練習後的隔天，我全身肌肉痠痛。第三天，我累壞了，必須靠意志力撐下去。調整需要時間，創造節奏和養成習慣也需要時間。對小挫折做出適當的反應，別因此而不知所措，這將訓練你面對更大的挫折。

這時候我得給你一些嚴厲的建議。如果你可以花幾個鐘頭刷抖音，卻無法每天進行十分鐘的腹部鍛鍊來達到健身目標，並堅持每天撥空，表示你還不夠想達成這個目標。這句話也適用在我自己身上。我並不是說每天都應該練十分鐘的腹肌，但對我而言，我就是需要這麼做來說服自己維持幹勁。我必須誠實對待自己需要養成的習慣，以及需要改變什麼。我必須決定我有多想要它。

好消息是，一旦我們的目標成為習慣，在遇到挫折或偏離例行公事時，就更容易回到正途。我已經訓練了很長時間，即使在手術或肩膀受傷後而且體能狀態不算完美，還是能跳入水中並游得很好。我已經打下了堅實的基礎，如果在度過某一天或實現下一個目標時陷入苦戰，穩固的根基會讓我更輕鬆。督促自己「踏出第一步就對了」，而且在這些小目標上努力不懈是很重要的，這會為日後處理更大的目標和挫折的能力奠定基礎。

你要做的就是乖乖站上擂臺，即使缺乏動力也一樣。重點是克服重重心理障礙，在需要的時候跟值得信賴的朋友談談，這樣就不會陷入消極的思考模式。重點是在需要時進行調整。以我爲例，我可能會說：「我整個週末都在出差，現在實在沒體力游兩個鐘頭，所以會選比較輕鬆的做法，游四十五分鐘就好，然後在家裡做舉重。」重點是養成小習慣，來增強身上那條名爲「努力不懈」的肌肉。一旦你處理過逆境、學會怎樣應對，能力就會增強，幫助你度過困難時期。你已經以這種方式塑造了性格，也鍛鍊出這些肌肉。

持續成為最好的自己

許多時候，我根本不想站上擂臺，我的體能處於低潮，或是把焦點放在自己缺乏的東西。這種時候，我必須回想起身體爲我做了什麼，以後還會繼續做什麼。人們很在意「能力不足」的感覺、很容易自怨自艾，但如果能控制住，因爲愛自己而去做出想要的改變，將大大激勵自己。我在鍛鍊和使用身體時，感覺最好。我喜歡在健身房看到其他人，希望健身讓他們充滿力量，正如健身讓我活力充沛。當我看到人們開始踏上旅程，我會很激動，因爲我知道踏出第一步需要付出何等的努力。當然，運動時會自然釋放內啡肽和多巴胺，在出汗並感覺到肌肉在每組動作中發揮作用時，我也會想起自己的能力有多大。即使在我最虛弱或最自我批判的時刻，身體仍然強大且有能力。

正在接受心理治療並積極解決情緒問題的朋友，也讓我受到了啓發。身體、心理和情緒的健康，是相輔相成的。我們必須照顧好自己的每一部分。我們爲自己進行的所有練習和內在工作，是爲了在任何人生季節和處境下都能以最佳狀態站上擂臺。我們這麼做，也是爲了產生正面的影響，激勵他人成爲最好的自己。

人生很難，還有很多事情要做。但你在這裡，正在努力成爲最好、最健康的自己。你正在活著，正在呼吸，正在前進。看看你已經走了多遠，度過了每一個艱難的日子和時刻。你做到了。你有能力做很多事。你堅強、大膽、有影響力，而且美麗。你該爲自己感到驕傲！

重建認知框架

●從小事開始堅持

在小事上努力不懈，是能在大事上也努力不懈的唯一方法。我們必須強化這條名為「努力不懈」的肌肉。

為了成長，你每天可以做出什麼小小的改變？花點時間想一下。

也許每天花十五分鐘在對靈魂有益的事情上——而這種事經常被拋在一邊，像是閱讀或散步。選擇你想連續關注一週的一件事。從小處開始，也許是每天多喝一杯水。留意一下你在堅持了一週後有什麼感受。

第二部

超越自我
在周遭世界中開創變革

第七章

相信自己的聲音

為自己發聲是必要的

我向來非常確定自己要什麼，但意識到並不是每個人都這樣。有些人對人生的態度比較放任、隨遇而安，有些人關心自己的人生走向，但不確定如何對自己或外界表達需求。有時我們會無法表達自己想要什麼，是因爲擔心會讓別人不高興，或只是不夠了解自己，無法具體察知自我需求。我是那種會在餐廳要求換桌位的人；如果夥伴無法決定要去哪，我會提議，而且會問問題。我的心態是：**爲什麼不開口去要想要的東西呢？**

如果別人想要的東西跟我想要的有所牴觸，就創造了健康對話和協商的機會。我發現只要你表現得很友善，人們通常很少介意，而且會願意遷就你——所以爲什麼不開口問問呢？

以友善和尊重的態度待人，再加上準確表達願望，會讓你走得更遠。問題是，多數人只挑一種來做，要麼總是表達自己想要什麼，要麼總是更專注於遷就他人，以至於表達自己的需求和願望，對某些人來說似乎成了「自私」或不尊重他人。結果形成了一種「凱倫」（Karen）和「依賴共生關係」（codependency）的文化。

依賴共生關係，是指一個人爲了滿足另一人的需要，而放棄**自己的**需要和信念。他們試著討好某人，並一直做「好人」，結果忘了自己。我們的腦中，都有想控制別人對自己看法的部分。我們希望身邊的人認爲自己是好人或對的人，尤其是那些我們在意的人。雖然我們都希望被接納、跟人建立關係，但討好只是人們試圖控制旁人的一種方式，是試圖操弄個體或群體產生某種特定反應，使他們對你產生特定的感受，因此若對方最終並沒有按照你想要的方式行事或感受時，你甚至會對他們生氣。喜歡討好別人的濫好人可能會想，「我努力做了所有這些好事，搞得自己累得要命，但那個人還是批評我做錯的某件事」，因此對對方有點感冒或產生敵意，卻沒有解決分歧，因爲這個濫好人不想引起任何糾紛。

我認爲，陷入這種極端狀況的人，比願意承認的還多。對每個人都說「好」，並透過做他人想要你做的事來搏感情，一開始似乎挺容易的。但你沒辦法拋棄自己太久，因爲痛苦遲早會扎根，巧妙地破壞人際關係。最終，你會發現根本沒辦法控制身邊的人，即使這麼做是爲了替自己創造安全的環境。

另一個極端，可能就是「凱倫」一詞。「凱倫」是用於英語系國家俚語的貶義詞，通常用於自以爲高人一等，或是要求超出正常範圍的白人女性。凱倫通常會表達他們的需求和意見，卻對他人的需求和意見回以某種程度的不尊重和缺乏同理心。我認爲人們缺乏同理心和善意的根本原因，是自視過高或怒氣過剩。凱倫已經成爲一個總稱，描述任何有這種特徵的人。

這種反應也是控制的一種手段，試圖強迫別人提供自己想要的結果，而且在過程中忽視或傷害他人。我們不應該活在這兩種極端中，把精神放在強迫別人按照我們想要的方式去反應，而應該採取更平衡的做法——在爲自己辯護的同時教育自己，而在爲彼此辯護的同時，也教育彼此。

選擇做對的事

活在這個資訊時代，知識唾手可得，已經沒必要再迎合「選擇性的無知」。我雖然想保持尊重和友善，但也想告誡你：「時候到了！這年頭有網路，有很多資源能讓我們了解彼此，所以應該多去了解身障人士以及跟你不一樣的人。不要**選擇**無知。」

萬事都有合適的時間和地點，而能夠將我們的心態轉變爲「對周遭世界以及在世上的立場採取更正面的觀點」的時間和地點，就是此時此地。我們都有責任去運用唾手可得的資訊來教育自己。我們當然不可能了解每個人的一切，在這方面也該對自己寬容些，但還是必須付出努力。「因爲你沒接觸過某事而不懂」跟「因爲你強烈拒絕了解某事而不懂」，兩者是有區別的。

我的一生中，多半在對人們進行身障的「微教育」。與我的腿有關的每日評論和互動，無論是負面或讚美，對我來說都是常態。如果知道某人是出於好意或只是想表現得友善，我通常不會介意。但也多次遇到無知的人，有些甚至認爲我的身體障礙是裝出來的！還有些人因爲我年輕又能走路，就認爲我不是身障，例如當我把車停在身障停車位或在機場時，如果這種人朝我走來，我很難不對他們擺臭臉，很難不認定有人打算對我惡言相向。我有太多次必須面對每日生活中的粗魯行爲。有時，我走進機場的身障人士排隊通道時，會誇張地瘸拐走路，就爲了避免有人以爲我裝病。以前還沒有現在這麼糟，但人們發表的評論和對我投來的眼神變得更加大膽。

最令我痛苦的，是知道有太多年輕截肢者正在經歷同樣的事。我很慶幸能跟朋友談談、知道不是只有我有這樣的經歷，但知道他們也在經歷這些事情時，我眞的很難受。然而，當我們踏上並超越「自我接納、情緒健康、對自己的正面理解」的旅程時，也必須認識到我們有時候**必須**爲自己發聲，以**保護**自我價值感、情緒安全與福祉。我們有時候必須向滿懷憤怒、自以爲高人一等，以及那些選擇「無知」而非「理解」的人大聲疾呼。

不人道的機場安檢

我在坦帕機場經歷過一次非人性事件，考驗了我的自信和發聲的意願。那天，我被美國運輸安全管理局的機場安檢人員攔住，拉到一邊，這對我來說很正常，因爲我穿著義肢。但這次安檢人員看起來很不自在，也很遲疑。我告訴她，機場通常會規定以拭子擦抹義肢的膝蓋、腳踝和鞋子（以檢查有無爆炸物殘留），但幾秒後，她說還需要看看義肢的頂部。我很困惑，因爲以前從未被這樣檢查過。我習慣在旅行時穿緊身瑜伽褲，因爲這能給斷肢處提供壓力，而在我需要按下按鈕、解開義肢上的銷釘系統來調整時，穿瑜伽褲是最舒適的。我告訴她，我從來沒有被這樣檢查過，而如果要讓她看到我的斷肢末端，唯一的方法就是脫下褲子。

那名安檢人員說：「是的，妳必須這麼做。」

我顯然感到不自在，也試著不去爭辯，只是環顧周圍：「在哪裡？」

我們在機場安檢區的中央，看不到任何能提供隱私的地方。我身後有一對很親切的中年夫婦，那位太太將手放在我的肩上，告訴我她非常、非常遺憾這種事發生在我身上。這只是個很小的舉動，卻讓我覺得在那一刻感到的不自在與慌亂，並不是瘋子才有的反應。

那名安檢人員叫來另一位女同事，把我帶進了小房間，看起來就像是沒在使用的儲藏室，顯然不是為截肢者或任何可能需要在安全環境中脫衣服的人設計的。這是個小房間，地板上有垃圾、被安檢人員沒收的水瓶，還有幾張椅子和一張桌子。看來他們只是在附近隨便選了個空間，來應付這個隱私需求。

我再次詢問為什麼必須這麼做，以前從未被這樣檢查，而安檢人員不斷重複說這是規矩，從以前就是。我開始問更多問題，並試著保持友善，想了解為什麼這樣的檢查是必要的。那名安檢人員非常粗魯，而我湊巧在航班起飛前有足夠的時間，所以我要求見她的主管。他們請來了待過另一個航廈的安檢負責人，他知道我是誰，看過我的超級盃廣告，他道歉了，但告訴我這是規定，必須配合。我說：「你們對兒童、嬰兒、性侵犯倖存者和所有身障人士，也是按照這個規定？」

為了緩解我的不適，他們莫名其妙地提到了一個男人，說他同樣對剛才的檢查過程和機場規定感到不滿，甚至氣到在地上打滾。這幾個安檢人員試著表達受檢者確實會感到不安，但這就是他們的標準程序，而我只聽到他們如何嘲笑那個男人，說他經常被檢查，每次都會氣到滿地打滾。令我震驚的是，他們竟然嘲笑一個明顯焦慮不安或有認知障礙的人，再次讓我覺得這些做法非常不人道。我問他們，對我這種在被檢查時會感到不自在的人有何建議。他們居然說：「不要旅行。」

旅行是我職涯的一部分，聽起來也是被他們嘲笑的男人生活的一部分。自己的安檢規定有缺陷，卻叫某人別旅行，這也太扯了。

最後，我同意脫下褲子，但平靜地說，除非他們叫那名對我很沒禮貌的人員出去，否則我不會繼續。她對我說話那麼失禮，表現得好像完全搞不懂我爲什麼覺得不自在，我才不想在她面前脫得只剩丁字褲。我覺得我至少擁有這個權利。現場只剩另一名女性安檢人員看著我，給了我一塊布遮身，但大小就跟牙醫診所掛在胸前的紙圍巾差不多。她用拭子擦拭我的腿後，我必須站起來裝上義肢並拉起褲子，所以那塊布基本上毫無意義。

沒有警報響起，整個過程結束了，但我還是不明白爲什麼這是標準程序，因爲我從來沒被這樣檢查過。整個過程讓我措手不及，但更令我難受的，是之後還會有人要經歷這個檢查過程。後來，我跟一位在美國帕奧隊認識的朋友談過，她說她也經歷過類似的事，對她來說也是第一次。她聯繫了運輸安全管理局，分享了我們的經歷，我接著也聯繫上，講述了我的故事，描述了登機口和那裡的工作人員。結果什麼也沒發生，運輸安全管理局只告訴我們，那些安檢人員那麼做完全不恰當，也並非他們的宗旨。我不想繼續吵下去，免得對方一個不爽、強迫所有機場遵守更嚴格的安檢規定，但我確實認爲全面的一致性是必要的，以確保安檢過程是以謹慎且人性化的方式進行。

我在那次經歷中勇敢發聲，因爲我不喜歡人們必須像我那樣感到不舒服又困惑。「大聲疾呼，爲自己和他人而戰，而且在大聲疾呼與表達善意之間找到平衡」，這是可以的，有時也是必要的。我當時要求將那名不禮貌的安檢人員帶出房間，是爲了情緒安全發聲；我提出疑問及分享經歷，也是爲其他人發聲。當我們發聲時，未必會得到強烈的迴響，人們未必會說：「哇，你是對的！謝了！」但我們必須選擇去倡導我們認爲正確的事。

相信身體的直覺

有些人必須強迫自己才敢開口發聲，但有些人有時必須忍耐，並決定最終的目標爲何。我堅信「選擇你的戰場」是必要的。我對事物會產生強烈的感覺，也喜歡採取行動。我是鬥士性格，隨時準備好在必要時與人對抗，這是我一生中長期養成的個人特質，所以必須學會如何退後一步，問自己這麼做是否值得，還有目的是什麼。如何站在兩個極端之間，決定哪些時刻需要大聲疾呼，哪些時刻該優先考慮自己的情緒安全和福祉，而不是去應付別人選擇的無知？

人類的身體非常神奇，非常**懂得**何時該採取行動。它會給你訊號——這是直覺，你應該傾聽並留意。他人受到不公待遇時，我會感同身受。大多數人可能都經歷過這種感覺，但未必知道該怎麼做。我知道在必須介入並照顧他人時，會感到不舒服。我想保持低調，但心底有種感覺，告訴我如果什麼都不做，以後會後悔。即使你覺得只有你一個人發聲，或你沒有被認眞對待，但至少沒有忽視遇到的問題。

然而，學會「敏銳地」傾聽身體的聲音，才能避免每次發怒時都想跟對方幹架、單挑。當我太累或太興奮，無法妥善處理對話時，身體會告訴我；身體也會告訴我何時該說話，即使會讓我不自在，聲音可能會變得沙啞。我不做被動式的攻擊，該說的會直截了當說出來。身邊的人知道我永遠會爲他們而戰，相信我會說出實話，即使有時候會很刺耳。「發展你的直覺，並學會相信自己」，是透過行動來完成的，而不是在每種情況下都處於消極被動。

你未必每次都能夠相信自己的情緒反應，但可以相信直覺和內在的知曉。身體發出信號時，我們的感覺可能都不一樣，所以也許第一步是在你認爲該說話的那些時刻，開始傾聽自己的身體，找出身體是從哪裡、用什麼方式發出信號。你的手掌是否變得濕冷，心跳是否加快？你是否覺得身體發熱、胃袋下垂？我們必須練習傾聽和區分身體正在向我們傳達的訊息，然後有採取行動的勇氣。如果你以前從來沒有勇敢發聲過，就會很難開口。就像其他事情一樣，練習會讓你變得更熟練。

因此，在能辨別何時該開口、何時該專注於保持內心平靜之前，你必須先問自己：**我的反應是出於憤怒，還是受傷？**例如，當我假設某人的動機是負面的，或如果它觸發了昔日的傷口，導致我只見樹而不見林，這時候我知道必須先照顧自己，暫停談話或完全離開，否則我將只從憤怒的角度做出回應，對任何人都沒有幫助。

當你大發雷霆，或人們對你沒禮貌、冷漠時，要怎樣維護自己的情緒健康？對我最有幫助的做法是提醒自己：我需要發聲的對象只是看到整個畫面的一部分，他們不了解整個故事，也不明白我人生的細節，反之亦然。當你眞正坐下來了解一個人，聆聽他們的故事、掙扎和經歷的一切，你們之間就會建立起同理心和默契，也一定會爲你帶來客觀的視角。我確信，如果能跟每一個評斷過我的人坐下來，分享我的故事、所經歷的痛苦、有過的掙扎，對方就不會太爲難我。我認爲他們會回以同理心，我們能在彼此的人生故事中，找到引發相同情緒和類似想法與體驗的事件。當你能理解每一個人都在經歷痛苦時，就會給予他人解釋的機會，並表現出更多的同理心。

但現實是，我們與人互動時，未必有這樣的餘裕。當雙方沒有時間去了解彼此，而人們立刻做出評斷時，還是要選擇維持情緒的平靜。爲正義挺身而出很重要，但如果你已筋疲力盡，才剛從充滿憤怒和自我防禦的空間走出來，挺身而出就會力不從心。有時候，在那一刻的正確舉動，就是**強迫自己走開，而不是做出反應**。你的情緒安全和福祉是你的責任，正如同從健康的角度做出反應，也是你的責任。

你不需要對他人的感受和反應負責，只需對自己負責。習慣管理他人、討厭對峙場面，或很難爲自己發聲的人，很難接受和理解這句話——而我們這些致力於保持氣氛輕鬆平靜的人更是這樣。但不能因爲太害怕可能會發生的衝突，而放棄自己的本質和信念。我不是叫你別理會別人的感受，別攬責任上身，想怎樣就怎樣。我的意思是，你應該善意地說出需求並表達自己，而人們有何反應，則是對方的責任。同樣的，我們可以承擔起「與他人分享人生故事」的責任，來努力教育身邊的人，但要不要接受教育，終究是由每個人自己決定。

勇於發聲

我們必須抗拒「出於羞恥或恐懼，而迎合他人感受」的衝動。例如，我其實不需要誇大跛行，就爲了避免別人因爲看到我在身障人士隊伍裡排隊而不高興。「迎合或取悅他人」，跟「敏銳地察覺他人的感受和認知程度」是不一樣的。是的，敏銳一點比較好，但別覺得自己需要去迎合或安撫對方。我們不該因爲害怕冒犯某人，而壓抑自己的聲音或任何部分，但在自信和洞察力的根基上善意地說話，永遠是正確的。如果這讓對方感到不自在，也別因此閉上嘴巴，反而要停下來問自己，**我爲什麼這麼害怕？爲什麼閉嘴了？**好好運用你擁有的力量，也善用你能跟大家分享的獨特經驗。

我們必須努力耕耘自己，讓自己有足夠的自信，勇於向世界展現完整的自我，尤其如果這意味著保持內在的平衡、平靜、自我價值感和自尊。練習傾聽身體的聲音，保護內在的平靜，在微小的時刻爲自己和他人發聲，將讓你在往後遲早會出現的重大時刻，掌握到那分敏銳度。永遠不該爲了迎合別人的需求和感受，而忽略自己的需求和感受，也不該因爲只在乎自己的需求和感受，而忽略他人的需求和感受。與人互動的關鍵，在於找到並維持這種平衡。

重建認知框架

●練習設定界線

花幾分鐘決定這週要劃定的界線。

界線是為了保護自己而設定的限制和規則。透過這條界線，練習勇敢發聲或維護內在平靜，並觀察你的身體如何反應。

寫下你的感受、在身體哪個部位感受到哪種感覺，這些資訊最終會協助你辨認身體的信號，明白如何妥善處理每種情況，即使你並沒有為某個情況制定界線。

劃定的界線可能是：「如果我身邊有人取笑某人，我會平靜地告訴他，不友善的言論並不好笑。」或者，「如果我在群體中對某人感到不滿，我會給自己時間處理情緒，然後直接聯繫對方，而不是透過第三方。」我已經實踐（並仍在努力）的一個界線是，如果我請某人幫我完成某項任務，就不可以在對方完成任務後，因為做法與我不同而做出批評。

第八章
重新定義社會

打破大腦的慣性假設

正如我們不斷試著理解周遭的世界，我們的大腦也總是這樣做。大腦不斷從我們過去的遭遇和學到的東西中，吸收處理過的訊息，作爲未來的人際指引。然後，大腦蒐集的這些資料被用來發展行爲模式，告訴我們如何應對某個新的遭遇。在此過程中，我們根據過去的經驗創建了一套「假設」系統，這套系統會提供建議，並沿用至日後的新經驗。我們就是這樣學習到怎麼判斷什麼是否危險、可以相信誰，甚至如何依據先前與朋友或伴侶的互動和對話，來完成對方說到一半的句子。

如此一來，你會期待在類似情況下看到和聽到的事情再次發生。然而，這也可能會變得危險，因爲你可能會根據自己的經歷（或別人告知但你未曾親身經歷過的傳聞），來形成對某人和周遭世界的期望和假設。

在有毒的關係中受到創傷後，我們可能會將強烈的恐懼及被引發的反應，沿用至日後與他人的關係中。一旦建立了故事，大腦就會複述這個故事，除非我們用新的資料或理解來打斷循環。我小時候就被遺棄，即使被帶進充滿愛的新家庭，我也認定並預期收養家庭遲早會把我送回俄羅斯，遲早也會拋棄我。我心裡的故事是「我不値得被愛，我是可以被丟掉的」。我花了很多年看到家人對我始終如一的愛，也花了很多年努力愛自己，才克服了童年這種恐懼。後來，「害怕被遺棄」的恐懼，再次出現在我和丈夫的關係中。我經歷了一段對他的「測試期」，想看看他是否能應付我最糟糕的部分；我跟他拉開距離，因爲擔心他不可能眞的愛我，因爲我不値得被愛。當你腦海中的故事扎根於身體，引發眞實的症狀，例如恐慌或焦慮，這些反應試著保護你免於再次經歷創傷時，你的行爲是來自恐懼，就像我。我有時候還是需要打斷「我不値得被愛」的內在私語，去選擇相信我收到的感情，讓它增加對自己的愛。這就是我們如何開始忘掉並克服「把昔日創傷帶入新關係」的循環——我們必須開始相信一個關於自己的不同故事。

即使沒有經歷創傷，我們也會根據自己的成長方式或被告知的話語，對身邊的人和世界做出許多細微的假設，而這多半是基於一生中所形成的諸多偏見。「假設」是我們根據所掌握的情報而做的猜測，而「偏見」是基於假設做出的預設定論。如果不審視偏見，就可能會在無意識的情況下自動做出假設。

你可能還記得我把車停在身障停車場，但好幾次都被那些認爲我看起來沒資格停的人攔住。他們用惱火的眼神看著我，並在我的車上留下憤怒的字條，卻沒意識到我確實有身體障礙，需要更近的停車位。這一切都是基於他們對「身障人士應該是什麼樣子」的假設。基於這些假設，他們評斷我的方式或許在外界看來微不足道，但當這種情況一再發生，就會產生累加效應。當我們對一個人做出假設而不考慮對方或許是無辜的，就可能引發充滿敵意的互動，以負面的方式影響彼此，儘管這並不是我們的本意。

想想看：當你遇到看起來跟你不一樣的人（無論是種族、民族、體重、刺青、服裝或其他原因），腦中會出現什麼假設？是否認定他們不是好人？是否因爲害怕對方跟你不一樣而迴避？還是你明白，因爲不同的人生經驗以及向世界展示自己的方式，讓每個人都成爲獨特的個體，能爲社會提供獨特的貢獻？

未經審查的偏見

經由參加朋友婚禮的經驗，我再次見識到了人們的偏見。雖然新娘允許伴娘自己選禮服，卻指定我和一位共同朋友要穿特定的款式。她選了我跟友人都覺得不適合我們的禮服，所以當我們三人一起吃晚餐時，我倆提到對她選的禮服感到不自在。新娘覺得我們穿起來很漂亮，很驚訝我們竟然會不舒服。她的偏見是，以社會標準來說美麗的人，從來不會對自己的身體感到不自在。而她基於這種偏見做出的假設是：我們不會介意由她來幫我們挑選衣服，因爲無論她選了什麼，一定適合我們。

未經審查的偏見可能會導致誤解，也可能會對他人造成嚴重傷害。我們的偏見可能導致一竿子打翻一船人，做出不公平的假設，而不是看到每個人的獨特之處。你可能會假設身障人士都有某種外觀，或某個種族的人全都一個樣，而不是擁有獨特人生故事的獨特個體。如果要接受人們的差異，並對每個人表現出善意，就不能放任自己的偏見，因爲這往往會妨礙我們做到己所不欲勿施於人。在試著了解身邊每個人的獨特經歷時，每個人都應該反思，並開始挑戰內在的偏見。越能夠審視自己**爲什麼**做某些事，以及我們所提出的假設背後的思考模式，就越能了解自己，並做出更好的、明辨是非的決定。

社群媒體加深偏見

在社群媒體時代，充分認識自己的言行變得更加重要。你的評論或觀點不再只是少數人目睹的一時評論，而是全世界都能看到的判斷，會在網路上供人瀏覽多年。即使你持續學習成長，持續挑戰腦子裡的偏見和假設系統，人們還是能透過你發布的評論，來了解你**多年前**的想法。你的語言有能力傷害你，正如它能夠傷害別人。受傷的人會去傷害別人，這只會讓所有人都陷入惡性循環。

社群媒體讓我們聽見更多外在的聲音和經驗，爲我們創造了自我教育的機會，擴大了我們的理解圈、經驗和影響力，但也讓我們進入了一種人際網路，在這之中，「比比看」的遊戲還有「以貌取人」變得猖獗，將這種心態根植於生活中。它開闢了一個空間，可以與全世界分享我們的偏見，並使我們對自認爲有吸引力、有價值以及可被社會接受之事的判斷，混入了雜質。

我們沒有意識到，這會對自尊和自我價值感產生多大的影響。想想你的社群媒體帳戶，頁面上每一個廣告都想讓我們覺得**需要**該產品，都想讓我們相信如果使用或穿著該產品，就會變得更漂亮、更性感或更強壯。企業長期以來賺錢的方式，就是教我們「討厭自己」。還記得十幾歲買過、但從未穿過的一卡車衣服，還有那些必須擁有的昂貴睫毛膏和香水嗎？這些年來，我花了太多錢在不需要的東西上，就爲了安撫自己的無價值感和沒有自信。所以我可以告訴你，如果你本來就對自己不滿意，社群媒體（更別提在那些商品上花的大錢）才不會把你的心態變得更好！我們必須先療癒自己（提高自身對自我價值的理解），才能找到經常在網路上想尋找的「眞正的自信」。如果我們不喜歡自己，又怎能與世界進行有意義且正面的互動？

我們有責任保護自己的思想和心靈，不受那些試著否認我們與生俱來的價值和資格的訊息毒害。我收到的評論大多溫暖、令人振奮、友善、感謝我爲身障人士發聲，但確實也收到一些人的評論，認爲我失去雙腿是場悲劇，或至少讓我變得不夠理想。我每星期都會收到幾個非常類似的訊息：

「以一個沒有腿的女孩子來說，妳很正。」

「哇，妳雖然沒有腿，可是還是很正耶。」

「妳即使沒有腿，我還是願意跟妳約會。」

「正妹一枚，但我眞希望她有腿。」

你把這幾句話多看幾次，想想都在表達什麼。我花了很長時間，才達到可以自在向世界展示雙腿的程度，但我依然是人類，我的心還是肉做的。那些評論有破壞性、傷害性，讓人看了就難過。我對自己現在的身分算是有信心，但想像一個新的截肢者或剛接觸社群媒體的年輕女孩，第一次展示她的假腿。想像一下她收到這樣的訊息。我無法想像如果十三歲時就開通社媒帳號，會是什麼感覺。身爲年輕女性，在日常生活中經常面臨一連串關於外表、價值和吸引力的諷刺性讚美和羞辱。如果我是在多年來努力試著勇敢展示雙腿時收到這些評論，那麼這些評論很有可能造成無法估算的情緒傷害。

審美偏見的陰暗面

我們必須改變人們公認的定論：身障人士比較不漂亮，比較不「正常」，在社會上的價值比較低。我們每個人都與眾不同，無論是否身體健全，差異都不會剝奪我們的價值。然而，我收到的許多評論（尤其在社群媒體上），暗指我因爲少了一些肢體而自動被歸類爲「比較差」。這些言論暗指我並不完整，但誰有資格決定什麼是「漂亮的」，決定什麼才有吸引力、被社會接受？

我們從出生的那一刻起，就一直受到審美標準的轟炸。這些社會信念導致我們產生偏見，把吸引力或完整性跟「沒有任何身心障礙」畫上等號。還記得爸媽不得不砍掉洋娃娃的兩條腿，好讓它看起來更像我，以及我是在截肢多年後，才終於見到看起來像我的人？多年來，我唯一看得到的美麗代表，都告訴我長得像我的人是怪胎、我們沒有那些無身障之人那麼吸引人。留給我這些評論的人，根本沒意識到自己的話語可能產生的負面影響——不僅對我，也對任何人，包括正在閱讀這些話語的其他身障人士。如果不審視你的偏見，就會發生這種情況。你傷害了別人，並表現出對這個世界的不體貼和不了解。

我們可以聲稱支持身障者（例如跑五公里來表達支持，並對身障人士遭受的惡待提出抗議），但如果還是認爲身體能力不同於一般人的人「比不上」無身障人士，無論這是否意味著他們的吸引力或社會價值較低，就還是沒抓到重點。也許我們就是無法擺脫昔日被灌輸的想法和滲入心中的認知，除非我們變得更懂事，並學會審視自己的偏見。但我們現在就**可以選擇**讓什麼樣的認知留在思想和行爲中，自問自己相信什麼，而且爲什麼相信。

世上的大多數人並沒有失去四肢，但不表示我們這些截肢者在社會上就是不正常或價值較低的人。根據世界衛生組織統計，二〇二三年將有十三億人（占全球人口的一六％）承受著某種嚴重的身心障礙，但這些人都是有能力且堅強的人。我們很美麗，我們有價值，我們有能力。

我一生中多半在反覆思索是否完全相信自己的優點——我有能力、堅強、美麗、有價值、有能力。愛自己和保持自信，對我來說是持續的過程，提醒自己身體爲我所做的一切，而且我的價值是與生俱來的，與外表或體育表現無關。你可能沒有失去任何肢體、沒有任何形式的身心障礙，你可能不是被收養的、可能不是運動員，但我相信我們都認同：我們很在意自己的某個部分。想想你有哪些不安全感，當它被指出或無情地評論時，會讓你產生防禦心態。我們每個人都有不安全感。

這些負面評論經常伴隨著我們，如影隨形，讓我們傷痕累累，在情緒上備受折磨。

美國這個國家，正經歷著比以往還要多的心理健康問題和憂鬱症。根據美國疾病管制與預防中心的數據，二〇〇〇年至二〇二〇年間，整體自殺率提高了三〇%。這是人們在感到孤獨、覺得自己是「異類」時造成的自我傷害，我也有過同樣的感受。在許多方面，這意味著未被確診的精神疾病、有毒環境、歧視，以及社群媒體焦慮症的綜合體，對個人和集體都帶來破壞性的影響。

十幾歲時，媽媽第一次向我提到心理治療，我告訴她，如果她爲我安排治療師，我會殺了那傢伙。我當時充滿焦慮和憤怒，在往後走上了對抗憂鬱症的道路。我對媽媽說出那句話時，想必充滿強烈決心，因爲她再也沒試著要我跟誰談心事。我從沒想過會成爲接受治療的女孩。我原本以爲弱者才需要心理治療，我可不想變成弱者。但看看現在的我，過去六年一直在接受心理治療，每星期都需要。心理治療讓我變得更堅強，更有同情心，也更了解自己在哪些領域需要進一步的成長。我所累積的情緒痛苦，有很大一部分來自於生活中的負面言論和經歷所帶來的情緒影響。

你是否也有類似的痛苦回憶，多年來對於某些評論一直耿耿於懷，無論是有意的刻薄評論、向你拋出的問題，或是針對你很在意的部分做出的評價？我希望你的腦袋記不住負面的事情，而能牢牢記住正面的事情。但你必須明白，評論我們的人大多並**沒有意識到**那些言論是有害的，即使確實有害——我花了很多年才明白這一點。例如「妳激勵了我」這類評論，就因爲他們看到我出門辦事，或是「妳很漂亮，即使妳沒有腿」，人們把這些評論拋向我，以爲這麼做是表達善意，但其實觸發了我內在深深的恐懼：我不屬於這裡，我永遠是**異類**。這就是爲什麼我們在發言或發文評論之前，最好三思而後行。你永遠不知道你的言論會影響到誰、傷得多深。

爲了給世界帶來改變，我們必須先了解決定人們的「價值」「吸引力」和「可接受性」的社會制度，而且必須學會質疑這些制度。比起剛結束體能鍛鍊的素顏，我發現人們在我打扮得漂漂亮亮的時候，對我更親切。弄了頭髮和化妝後，不僅會收到更多免費的東西，甚至人們跟我互動的方式也會有所不同。彷彿人們突然對我更感興趣、被吸引，就因爲他們認爲我很有吸引力。這種基於外表的差別待遇，被稱爲「審美偏見」或「光環效應」。被社會認爲更具吸引力的人，也被認爲更值得信賴、更有自信、具有更好的社交技巧。在某些情況下，也被認爲更聰明。當我們根據對某人外表的印象來判斷這人的性格時，就是審美偏見。根據統計，被認爲有吸引力的人更容易獲得面試機會、賺更多錢，就算是坐牢刑期也較短。取決於我如何展示自己、我的觀眾是誰，我見識過被視爲「漂亮的金髮妞」的好處，也經歷過人們認爲我無腦或是濫好人——直到我讓他們看到我可不只有甜美的一面。社會說我是不完整的、是異類，而且會根據具體情況來批評我有特權或處於劣勢，但我知道我這個人不僅僅是我的身體、我的外表、我能爲世界帶來什麼貢獻而已。不能讓自己被簡化成「只是身體」，被簡化成別人爲我們貼上的標籤。我們不只是我們的外表。

運用特權來創造集體改變

我曾對世界如何看待我而感到憤怒、被排擠、困惑，甚至把自己的照片裁剪到看不見膝蓋以下，這樣發布到社群媒體的照片就不會出現我的腿，以避免被視爲異類。然而，我也感受到自己的身體和經驗賦予了我力量。我覺得身爲截肢者，也可以有一番作爲。我對自己的與眾不同感到喜悅、感恩和自信。就像其他人一樣，即使我失去了雙腿，也能感受到陽光下的每一種情緒。我們都和這些共通的情緒有連結，即使我們有著他人不理解的人生經歷。如果我們能理解自己的情緒，就能開始理解彼此的情緒。每個人活在這個世界、社會、文化或空間中都會遇到困難——尤其是我們這些被邊緣化的人，因爲這個世界原本並不是爲我們打造的。

誰都不應該因爲任何可能使他們與旁人不同之處而受到歧視。儘管這已經是陳腔濫調，但除非你站在對方的立場上走過一段路，甚至一生，否則永遠不會眞正了解一個人。我們的人生故事，比他人在乍看之下自以爲了解的要複雜許多。那麼，**你要如何提**

醒自己看穿外表、看到自己的能力，以了解與生俱來的價值？一旦我們能提醒自己「我們與生俱來就有價值」，就能夠爲他人做到這一點。這是邁向「明白地球上每個人對社會都有價值」的第一步。我們如何爲那些因體格、體型、能力、性取向和膚色而遭受歧視的人們，創造出集體改變？重點在於，了解並理解我們面對的挑戰，也了解並理解自己的特權。

擁有特權，並不代表你的人生很輕鬆，或沒經歷過掙扎，只是意味著社會的建構方式**沒有讓你的人生變得格外艱難**。每個人都可能在人生的某個領域享有特權。我是截肢者，生活在爲「身體健全」之人建造的社會中，必須考慮在旅行時需要走多少路，當地有沒有會讓我難以保持平衡的鵝卵石路，或不平坦的路面。我知道手術後坐在輪椅上的滋味，也必須考慮並詢問人們某個場所能否使用輪椅——你會驚訝地發現有多少地方並不允許。這些是我的劣勢，我與一般人不同之處。然而，我也是年輕人、白人、中產階級、異性戀、金髮女，在美國的社會中被認爲是有吸引力的。我知道這些優勢幫我獲得了許多好處，從廣告合約到雜誌特寫——要不是我隸屬其中某些範疇，就可能不會有幸體驗到這些選擇。當你享有特權時，會獲得其他人沒有的優勢和選擇，就因爲你**屬於**某個特權族群——不一定是因爲你的優點，使你比其他人更值得擁有那些優勢和選擇。儘管我的人生並不輕鬆，也確實因身障而被人們視爲處於劣勢，但還是必須承認我**確實**擁有特權，每天都以不同的方式讓我比其他人更享有優勢。

種族、性別、社經地位、健康、出身……都是我們的一部分，你也永遠不該爲其中任何一項而道歉。話雖如此，如果你無法在這些領域中，看出社會如何偏向某一方或某一群體，那你顯然並不關注這個層面的現實。在西方社會，若身爲白人、順性別、異性戀、富有的男性，你將享受到社會提供的所有優勢，尤其如果你年輕（就不會面臨年齡歧視）又長得帥（會爲你帶來審美偏見的好處）。我這麼說不是要讓任何人內疚，只是承認社會是由上述那種男性**爲**同類男性而打造的。將每個人獨特的人生故事、天賦和見解匯集在一起，就是我們作爲個人、家庭、企業、社會和世界的蓬勃發展之道。意識到自己有何偏見，有助於理解社會的偏見；意識到社會有何偏見，有助於了解自己的特權領域；意識到自己在哪些領域享有特權，將幫助我們知道在哪裡發聲會更有分量，就能藉此推動並擴大被忽視的聲音。

說出自己的故事，更有力量

在游泳上的成就，提供了我平臺，讓人們願意傾聽我的意見，我有責任運用它來做點好事。我不想在人生的盡頭得知有人受到傷害或沒有發言權，就因爲社會對他們說他們不夠好；我不想在臨終時意識到，我沒有運用上帝給我的平臺，來爲這些人發聲及代言。你可能不是職業運動員，可能不覺得自己擁有這種平臺，但生活中有同事、家人或朋友，你有責任在生活圈和影響範圍內發出聲音，以促成良好而正面的改變。不要浪費這種機會。

即使你認爲自己沒有影響力，一連串的微小時刻也能產生慣性，創造出更大的變革。從我們自身開始改變，從你開始。我們可以透過承擔個人責任、理解自己必須提供什麼，來讓社會變得更好，然後帶入社群，努力建立更美好的未來，改變社會的文化。這就是讓文化產生變革的方式。

越是承認並接受自己的差異，並停止以「我們／他們」的心態，對待和我們不同的人，就能創造出更多改變。有時候，一個片刻就能說出困難或讓人不自在的事。有時候，我們需要做的是傾聽，並放大其他需要被聽到的聲音，而不是自己的聲音。當我們面對自己的偏見，並停止讓與我們不同的人覺得自己是異類時，彼此之間就能產生默契，並能開始處理使某些群體凌駕其他群體的權力體系。

我的人生故事將永遠因出自我口中而更有力量，而你的故事也會因出自你口中而更有力量。如果有人能夠用自己的聲音來表達自身的經歷，那麼我們最好支持他們，而不是試圖用不足的見解去插嘴。當我們提高對這些議題的認識，將自己的特權和偏見經驗公開化，它就無法再被忽視，而且必須解決。當我們分享經驗時，會透過彼此間的相似處建立默契，並加深對彼此差異的理解。讓我們繼續把「人們以自己獨特的方式去看待事物、說話和行動」變成常態，把獨一無二的見解和經驗帶到檯面上。

你完全有權占據一個空間，也有權走進一個房間。我也是——即使當我走進房間，無論是否喜歡，人們都會看著我。當你走進房間時，也許每個人都在看著你，因爲你與眾不同。即使你不認得，但這也是一種非常特殊的力量。這可能未必總是令人感到積極正面，有時也可能讓人筋疲力盡，但你會以獨特的方式吸引注意力。**承認自己的差異，而不是試著隱藏**，是我花了很多年才學到的一課。擁有並熱愛自己，然後鼓勵其他人也這樣愛自己。倡導他人挑戰這個社會，改變制度、信念和偏見。如果你在任何方面與其他人不同（至少以你所在社群的社會規範來看），那麼人們就會注意你。給他們一點東西看，讓我們爲他們提供新的視角。

消除偏見和假設（面對社會和社群媒體長期存在的有害敘事）的第一步，是承認**自己**。也許這意味著承認過去，也許是承認你來自哪裡，以及你爲了來到現在的位置而經歷的旅程，又或是承認受過的傷害（而如今那感覺已是你的一部分）。即使你的人生故事開端並不美好（也許你從小就被遺棄，像我一樣覺得自己不值得被愛），也要知道這不是故事的結局，你還有很多頁要寫。你越了解自己的各個碎片，就越能反思你的旅程如何影響了你看待世界的方式。我們反思得越多，就越能與人們建立默契，理解社會教導的「規範」未必都是對的。現在我們該站起來，開始努力讓世界變得更美好。透過自我接納和對彼此差異的同情，爲自身及居住空間的成長和改變而奮鬥，將能重新定義我們想活在其中的社會。

重建認知框架

• 運用特權協助他人發聲

我們每個人都不僅僅只活在單一的層面。我們經歷過的現實，是在不同的因素和社會動態的共同作用下形成的。

你可能在某個領域或人生的多個重疊領域，遭受過歧視或邊緣化。你也可能在某個領域經歷歧視，卻在另一個領域體驗到特權，就像我曾面對體能歧視，卻也受益於審美偏見。花幾分鐘思考你的生活，回答以下問題：

①我的自我身分中的哪些因素，使我的人生比其他人更辛苦？

②哪些因素使我的人生比其他人更輕鬆？你的答案不一定是極端的。如果你天生就「融入」工作場所、街坊之類，那你就擁有某種特權。

③我如何利用上述的特權，來幫助其他人被接納，協助他們發聲？

你可以從簡單的事情開始幫助他人得到平等的關注和傾聽，例如在工作場合把新人介紹給大家，或閱讀平時不感興趣、觀點跟你完全不同的書。「特權」並不是冒犯性字眼，只是在面臨最小阻力的情況下，認知到你能提供協助的領域。所以，讓我們互相幫助吧！

第九章

必須有人站出來代表你

你並不孤單

「潔西卡，這是給妳的。」

我記得有天爸爸下班回家，把郵件拿進門。我當時在廚房的餐桌上寫功課，他遞給我一個信封，上面寫著我的名字。我那時候八歲，通常只在生日當天收到信，所以好奇心大作，撕開了信封。裡頭是來自某個義肢廠商的信，我最近在那裡約見了新的義肢師，信封裡還有一張廣告卡片。但引起我注意的，是卡片正面那位美麗的金髮女郎，她的雙肘靠在椅背上，**兩條假腿**斜放在前方的牆上。那是C形的刀腿，不是我這種裹著人造皮的腿。我在當時那個年紀，只穿看起來很逼眞的假腿，還沒有足夠的信心穿上那些更明顯標記我與一般人不同的腿。但她毫無遮掩。她直視鏡頭、直視我時，看起來爲自己感到驕傲。照片底部印有她的名字：艾美・慕琳斯（Aimee Mullins）。

這感覺就像看到了十五年後的自己，我必須更了解她。我立即問爸爸卡片正面這位女士的情況。她究竟是何方神聖？**她**爲什麼看起來那麼像我？我問了爸爸，他做了些研究；他和我一樣好奇。我們發現艾美也患有腓骨半肢畸形，跟我有著同樣的先天缺陷，而她已經成爲模特兒、演員和運動員。

我驚訝地盯著那張照片，看了好幾個鐘頭。我和爸爸以前常把那種刀腿稱爲「獵豹腿」，他會告訴我，如果我想要，他會幫我買一雙，我會跑得比誰都快。但在那個時候，我必須非常注意膝蓋。我每隔幾個月就要動一次手術，所以身體狀況還不是百分百穩定，而且製作獵豹腿不久又要動手術，只會讓我不適合穿上這種腿，也沒什麼意義。因爲手術的不可預測性，以及術後可能會出現的感染，向來都是挑戰。所以直到我十五歲，也就是贏得第一面帕奧金牌的幾年後，我才第一次眞正跑步。後來發現，我的膝蓋沒有跑步所需的韌帶，而且跑步可能會傷到膝蓋，讓我必須永遠坐輪椅。但我還是留著那張與我相似的勇敢女人的照片，而且保存了很多年，有時只是坐在床上盯著看，它提醒我：我並不孤單。

親眼見到兩位偶像

在我參加帕奧，並能在泳池甲板上看到看起來很像我的運動員之前，有兩個人影響了我，讓我在這趟旅途中感覺沒那麼孤單。艾美是其中之一——雙側膝蓋以下截肢，美麗而強悍，正是我想成爲的樣子。另一個是魯迪．加西亞．托爾森（Rudy Garcia-Tolson），我十一歲時在迪士尼頻道《看看這孩子》其中一集認識了他。魯迪的兩條腿從膝蓋以下就切除了，而且他生來就有唇顎裂，簡直就像我和哥哥喬許的綜合體。魯迪的雙腿天生就有缺陷，無法使用，他五歲接受十五次手術後，告訴爸媽他寧願成爲截肢者。那天我在阿公阿嬤家看迪士尼頻道，看到魯迪沒有腿，卻能像其他孩子和我一樣，玩滑板、跑步跟游泳，做一大堆事情，我感到了希望和驚訝。他的故事很有感染力，讓我感動、敬畏。

這就是「有人站出來代表你」的力量：使人與人之間建立起默契，讓你知道你並不孤單。艾美和魯迪給了我希望，讓我相信，我可以做到頑固的腦袋正試著說服我去做的事：我想做什麼，都能做到。這是我生命中的兩個重要時刻，因爲我在參加游泳競賽之前看到了艾美和魯迪。在那之前，我還沒見過其他雙側截肢者。我的每個家人、朋友和鄰居都有兩條腿。我的芭比娃娃有兩條腿。就連我九歲還是十歲的時候，爸媽在聖誕節買給我的「我的雙胞胎妹妹」洋娃娃（My Twinn doll）也有兩條腿，儘管它明明應該和我一模一樣才對，讓我大失所望——所以它其實並**不像**我。我記得從盒子裡拿出來，發現娃娃並沒有像我那樣失去雙腿時，感到非常難過。我身邊每個人都有腿，所以看到其他年輕的雙側截肢者過著充實的人生，充滿冒險和競爭精神，不讓任何事情阻礙時，我內在的一部分產生了共鳴，我不確定有誰能完全理解這種感受。我記得那些時刻對我來說意義重大。看到其他人掌控並利用自己的與眾不同時，我們就更容易體認到與眾不同帶來的力量。

第一次在電視上看到魯迪的幾個月後，十一歲的我出現在第一次美國帕奧選手的賽前訓練中，感到害怕又緊張。泳池裡每一條泳道都對不同類別的泳者開放，許多人正在爲比賽熱身，我聞著池水的氯氣味，聽著輕輕濺水聲。我在泳池邊發現了魯迪。他才剛上岸，在會面開始前完成訓練的收尾工作。他還戴著泳帽和蛙鏡，蛙鏡一拉到額頭上，我立刻認出了他。我俯身對爸爸說：「看！是迪士尼頻道的那個孩子！」我當時根本不知道，僅僅兩年後，在我十三歲時，我也上了迪士尼頻道的《看看這孩子》！那個迪士尼廣告，讓我第一次成爲游泳運動員社群和身障人士社群的代表，但我當時也沒有完全意識到**我**如何代表了其他人，就像魯迪曾經代表了我。

我們家那時候還沒裝第四臺，所以我只在阿公阿嬤家看過自己在《看看這孩子》

的片段一、兩次，也從電視製作人那裡收到了拷貝。當時，我有幾個朋友看到了那個片段，但那是在社群媒體出現之前。所以我從沒意識到有多少人曾在電視上看著我、心想**看看這孩子！**直到二〇二一年一月，也就是那個迪士尼片段播放超過十五年後，我在抖音上發布了一小段當年的影片，評論才如潮水般湧來。人們在留言區蓋大樓，標註朋友一起來觀看，並回憶那段影片對他們的影響：「我那時候覺得妳是世界上最酷的女孩！我超愛妳那條普卡貝殼項鏈！」我甚至不知道人們會記得這麼久遠的影片，不知道他們小時候有過這些反應。發布影片時，我正處於新冠隔離狀態，無法回去訓練，所以鄉民的熱烈反應確實溫暖了我的心靈和精神。

我十二歲加入帕奧代表團，成爲美國隊的大使，才剛發現身障人士社群，開始自我接納之旅。不可思議的是，即使在那個時刻，我的人生故事仍在影響人們。我當時還沒開始公開演講或倡導什麼，但現在回顧往事，那次經歷告訴我，你永遠不知道光是站上擂臺、做自己，就會對人們產生怎樣的影響。我敢打賭，魯迪起初也沒意識到自己如何影響了其他截肢者。

自從二〇〇四年魯迪和我一起入選雅典代表隊以來，我們一起參加了每一屆帕奧，當我住在科羅拉多州的美國奧運帕奧訓練中心受訓兩年時，與他成了摯友。我也在二〇〇七年的紅毯活動上見到了艾美，當時我還只是十幾歲的孩子。我走向她時，她知道我是誰，我覺得這眞的太棒了。我當時告訴她，那張照片和她的人生故事對小時候的我有多重要，我跟她現在仍保持聯繫。能認識我年輕時心中的英雄們，並成爲朋友，對我來說意義重大。

在我參加帕奧會、認識了跟我一樣的運動員隊伍之前（這些人有身障、被收養，有瘋狂的人生故事，並了解我所有隱藏的部分），我只有一張艾美的照片，還有以魯迪爲主角的迪士尼廣告。他們給了我希望，接著帕奧會上的每個人都向我展示，有一整個社群在支持我。第一次見面時，我環顧四周，在那裡發現了魯迪，心想，**天啊，原來外頭眞的有我們這種人。他們之前都躲到哪裡去了？**那就是這段旅程眞正的起點，讓我眞正承認自己的身分，不再怨恨自己的與衆不同。這就是社群的力量。

當時還沒有社群媒體，沒辦法點擊一個主題標籤，就能找到與你相關的整個群體，所以小時候對身障社群的驚鴻一瞥，對我影響很大。這就是爲什麼我們需要更多人站出來。我們需要更多的身障人士出現在廣告、雜誌、電視和娛樂產業中，因爲總是有哪個小女孩或小男孩在觀看，他們可能根本沒意識到自己正在尋找跟他們長得一模一樣的人。我們應該看到所有美麗的顏色、大小、文化和能力都獲得代表，正是這些構成了巨大人類社群的整體。這在未來會是什麼樣子？

社群的價值

美國隊的朋友改變了我的人生。看到跟你一樣的人取得成功或正在做你想做的事，讓我感到希望和默契，與這些**懂我**的神奇運動員並肩而行，更是讓我充滿一種現在不能沒有的社群感。

我在很久沒上瑜伽課後，參加了一次熱瑜伽，所以當我把動作調整成以膝蓋支撐體重能做到的程度，在某些姿勢上遇到了困難。我早已習慣了適應，通常不會困擾我，但那天卻眞心覺得困難。

下課時，老師驚訝地對我說：「妳居然一下子就適應了每個動作！我太佩服了！」

我心想：**這個嘛，我除了適應還能怎麼辦？我這輩子一直都在適應。妳以爲一小時的瑜伽課能難倒我？**

之後，我打電話給朋友茱莉亞（她也是截肢者），跟她說了熱瑜伽的事，也告訴她那天是我感到沮喪、不想面對自己與眾不同的日子之一。她回答：「噢，我懂。這在我身上也發生過！」然後我們一起在笑聲中結束了通話。

正是這些小事（例如針對某個社群特有的問題發洩情緒，以及知道有個人能完全理解你的心情），讓我們每個人都感到被關注與理解。無論是否意識到，但我們其實都以這種方式尋找自己的社群——那些人懂我們、理解我們在這個人生階段或掙扎中所處的位置。我們本來就不是爲了離群索居而生；我們都需要社群和人際關係。

社群不僅僅是鄰居或同事。社群是你選擇去靠近的那些人，無論是家人，還是你選擇稱之爲家人的人。社群是那些愛你所有層面的人，是眞正理解你經歷過什麼或正在經歷什麼的人。有時候，我們只需要聽見一句「我也是」，就能再次覺得被理解，覺得舒坦。

問題是，爲了讓人們充分認識並理解我們是誰，必須充分展現自己眞正的面貌。當我們看到和我們一樣的人、有人站出來代表我們的時候，就有勇氣說：**既然他做得到，那我也做得到**。這種社會代表能爲你帶來驗證，讓你知道自己並不孤單。一旦你開始接受自己的與眾不同，並展現眞實的自我，就能吸引那些愛你並選擇你的人。這就是找到社群的方式。但如果你躲起來，人們就無法與你建立連結。

我知道主動伸手並展現自己，可能讓人很害怕。說服自己相信「什麼都能靠自己」會更容易。相信我，我曾試著假裝不需要別人，甚至連自己都深信不疑。但某個諸事不順的季節終究會來，你會發現自己多麼需要那些能鼓勵你，或只是坐在身邊理解你的人。我們都不是孤獨的，當我們努力接納並開始透明地展現自己時，將開始找到眞正屬於我們的社群。我知道區區一個人能做出改變，但一整個社群的人能改變世界。

阻止我們分享人生故事的，往往是恐懼。我們害怕被評判、被拒絕，甚至害怕被充分認識我們是誰。但這世界需要你的故事。透過你的故事，其他人就會覺得自己也被看見、被認可，會開始對自己的身分感到安全。如果我們能克服恐懼，或許就能成爲世界需要的代表。

恐懼是非常眞實的情緒，有時展示完整的眞實自我可能確實不安全。不幸的是，我們活在一個動盪的世界，但越是能充分展現自己，這個世界就會變得越願意接納我們。

當我感到恐懼襲來，就會用以下三步驟來克服，並決定是否該專注於恐懼，還是那只是因爲舊傷和被拒絕的感覺。

①把心裡的恐懼說出來。如果你獨自一人，請大聲說出來。你的恐懼是眞實的，你可以害怕。但僅僅因爲它是眞實的，並不意味著它會傷害你。

②想想可能的結果，最壞的情況是什麼？

③繼續堅持下去有什麼優勢或好處？

例如，如果我想在社群媒體上發布關於腿的訊息，但覺得緊張或害怕，懷疑這麼做很愚蠢，或是對自己的外表挑三揀四時，就會運用這三步驟。我會說出並承認我的感受和恐懼，然後考慮最壞的情況，也就是可能收到負面評論或惡毒的訊息，被它證實自己的不安全感。然後我會思索潛在的好處。看到我這篇貼文的某人，可能因此不再覺得孤單，可能有人因此接觸到我以正面與賦權的方式分享身障或義肢的世界。如果你判斷這篇貼文利大於弊，就可能因此緩解心中的恐懼。

把社群媒體當成工具使用

儘管社群媒體可能帶來許多負面影響，但我最喜歡的優點，是它開始讓擁有不同人生經驗的人能被視爲正常人。它讓你能一睹可能從未體驗過的不同社群，甚至可以成爲讓你了解自己的社群，並與自己的社群建立連結的地方。如果你願意，可以調整在頁面上看到的內容，以展示不同的觀點，以及資訊和生活方式的多元性。對許多人來說，在迫切需要社會代表時，社群媒體是很好的平臺。

對我來說重要的突破時刻，是發布了一段穿上假腿並說明整個步驟的影片。我當時在心理層面上碰壁，實在受夠了人們不了解截肢者，受夠了把車停在身障人士停車位，甚至穿著骨腿時遭受的敵意眼神——我到二十四歲才有自信穿上骨腿。那天是二〇二〇年九月，那支影片只是我發布的第二支抖音影片，觀看次數在短短幾天內就躍升至一百萬次，然後是六百萬次。觀看次數持續攀升，直到超過三千七百萬次。那只是我決定發布的一支短片，因爲以前沒在網路上看過類似的影片。我當時並不知道會得到什麼回應。觀眾提出的疑問鼓舞了我，他們眞誠地想更了解我，也希望我發布更多影片。我會收到截肢者發來的私訊，說這支影片對他們有多大的幫助，讓他們看到了我自信地過著自己的生活，並以身障人士的身分正常地完成這些日常任務——這些時刻是大多數人看不到的。即使我只能激勵一個人，或只能幫助一名截肢者覺得被理解，那麼我戴著義肢行走的十秒影片，或說明如何穿上假腿的一分鐘影片，就拍得非常値得。

也是透過社群媒體，我認識了一個可愛的小女孩，名叫米亞。米亞患有脊柱裂，戴著腳踝支架，並在需要時使用枴杖或輪椅。她母親在二〇二一年發布了一支影片，影片中是她對我的豐田超級盃廣告的反應，當時米亞才兩歲半，她母親說米亞當時眉飛色舞地說：「那女孩跟我一樣拄枴杖耶！」然後她爬過去抓起枴杖，站起來說：「我想變得跟那個女孩一樣。」

我與米亞進行了視訊聊天，在她母親第一次聯繫我大約一年後，我見到了她本人。她用盡三歲孩童的力氣擁抱了我，和我聊天，就像我們是好朋友。她說她決定信任我，因爲我們是一樣的，而這確實讓我更確信這輩子的使命：幫助世界各地的孩童感覺自己受到關注。當你感到孤獨時，就可能覺得人生很艱辛、充滿挑戰。這樣的時刻讓我意識到，我們其實都不是眞正孤獨。外面有各式各樣的人可能會仰慕你，可能會指望你來領導他們，無論你是否意識到。這就是爲什麼盡可能分享人生故事是如此重要。

和米亞在一起的時光，讓我回到了小時候，當年的我以爲這世上沒有人跟我一樣。這讓我想起艾美那張照片如何讓我徹底著迷，改變了我的世界觀。世上其實有很多像我們這樣的人，很多人看起來和我們一樣，即使我們以爲自己是孤獨的。在這些時刻，整個大局——我多年來一直難以捉摸的人生目標——變得如此清晰。我再次看到了「有人站出來代表這個族群」的重要性和必要性。

二〇二二年，「先進義肢」（A Step Ahead Prosthetics）與製作洋娃娃的「美國女孩」公司合作，製作了擁有兩條假腿的潔西卡．隆恩娃娃！他們給了我兩個娃娃——一個我自己留著，一個當作禮物送給別人。我把第二個娃娃給了米亞，她立刻以我的名字爲娃娃命名，並告訴大家這是她的朋友潔西卡．隆恩送給她的。她媽媽跟我分享了一張相片：米亞站在兩個美國女孩娃娃旁邊，一個像米亞一樣拄著枴杖，另一個像我一樣戴著兩條假腿。米亞正在經歷我小時候渴望能經歷的。看到有人站出來代表自己，孩子就會知道自己並不孤單，並看到夢想是能夠成眞的。這是我們建立自我認同與自尊的重要部分，是讓我們理解自身價值的重要墊腳石。在找到分享人生故事的自信時，我們就有機會成爲世界上小米亞們能看齊的人。

拒絕被貼標籤

成爲人們的代表，對我來說非常重要，因爲我知道他們在這個體能主義的世界中面臨著什麼。不僅僅是來自陌生人的「她出了什麼問題」的評論——除非你能和我們一起生活幾天，否則你永遠無法明白，就連最小的舒適也是身障人士難以取得的奢侈。有時，我看到零售店的電梯或身障更衣室被當成儲藏室，使得眞正需要的身障人士無法使用。這些商家沒考慮到我們所處的身障世界，也不考慮坐輪椅的人需要那些空間才能安全或舒適地出行。有些門不夠大，無法讓輪椅進入，不然就是沒有輪椅專用的無障礙坡道，這一切都在告訴身障人士：我們在那裡不受歡迎。我目前進行游泳訓練的泳池，沒有設備把無法走下臺階的人降入水中，而且我知道有些家庭必須大費周折，才能說服保險公司支付孩子需要的假肢，或得到人造皮假腿，而不是桿腿。這都是我們不常聽到的故事。

在我的游泳生涯中，我很幸運能與義肢公司合作，並嘗試不同的義肢。我能自由地擁有外形逼眞的彩繪皮膚假腿，直到有自信穿上骨腿。在那之前，我試過跑步腿、攀岩腿和高跟腿，探索自己穿戴義肢的能力，爲每一雙假腿做好準備。這讓我在某程度上能隱藏自己的身體障礙：痛苦、不適，以及那些使我與旁人明顯不同的諸多特徵。

二〇一九年，我爲時尚品牌湯米菲格（Tommy Hilfiger）拍了廣告，旨在透過以身障人士爲主角，來強調並慶祝多樣性。在那支廣告中，有個人坐在輪椅上，另一個人失去了一條腿，一個小女孩的手臂失去了肘部以下的部分，還有一個使用助行器的小男孩。在那張照片中，我坐在前面，雖然看得出來有穿義肢，但必須看得非常仔細才能確定——因爲那是雙看起來就像眞腿的假腿。我記得當時心想：**我是這個令人讚嘆的身障群體中的一員，但有時候還是會盡我所能地隱藏自己的身體障礙**。

經過多年的隱藏、試著去了解自己的自我價值，以及對自我接納的需要，我終於恍然大悟。我心想，**他們並沒有爲自己的身障感到丟臉，那我爲什麼要覺得丟臉？**那一年我二十四歲，穿上了人生第一雙骨腿。那一年我終於開始定期展示自己的雙腿，外出時穿著短褲或裙裝。我這輩子從沒想過在穿著骨腿時會感到自在，但說實話，我在展示時感到前所未有的自信。我能夠慢慢達到那種自在的程度。但我意識到，其他人並沒有像我一樣擁有同樣的優勢和特權，像我這樣能擁有「看起來」像眞腿的假腿，直到我準備好換上骨腿。

跟我談過的許多身障人士沒有我這麼幸運，我眞的很難過；其中一些人是新截肢者，必須穿戴桿腿——與我的骨腿不同，但看起來很類似，所以我常常不小心把自己的義肢說成桿腿——那些新截肢者甚至被告知還能走路就該偷笑了。桿腿本身沒有什麼問題，我有朋友拿到造型很酷的桿腿而且穿得很開心，但那些朋友是**選擇**穿上桿腿。當你沒有選擇的時候，就很難去喜愛被迫接受的東西。我們都在意自己每天穿什麼衣服和鞋子，在意**選擇**如何表達自己，而截肢者在要穿什麼義肢及如何展示自己時，也應該要有這種選擇。如果每個人都必須坐輪椅一星期或穿戴義肢，這個世界會變得非常不一樣，會更優先考慮身障人士的需求。

除了身體障礙之外，還有許多被社會忽視的神經系統差異；而同樣糟糕的是，那些人爲自己的狀態感到羞愧。研究指出，高達一五%至二〇%的美國人口存在神經分歧，但孩子們無法按照學校體系設定的方式去學習時，我們並沒有爲他們爭取所需的幫助。每個人都有優點和缺點，值得慶幸的是，我在家自學的同時，能按照自己的步調學習。然而，我有個表妹，她父母多年來努力提供「個別化教育計畫」（IEP），以教導她如何學習，並以適合她的方式讓她接受測驗。我最小的妹妹葛蕾絲照顧患有自閉症類群障礙（ASD）與注意力缺失過動症（ADHD）的兒童，他們在學校和社交方面都遇到困難，因爲沒有可用的正確資源。學校體系不會爲他們的學習和互動方式做出調整，也不會幫助他們克服因感覺自己不同於常人而感到的困惑和憤怒。想找到正確答案是很困難的，而如果學校體系和整個社會不是爲了身心障礙者而設計，想找到正確答案並實施就更難了。但我們可以先從以下這一步開始：互相教育，提倡讓更多人站出來代表他們的族群，以及挑戰那些阻礙我們而不是提供協助的體系。

在對抗體系時，我們可能會害怕被貼上「難搞」或「愛抱怨」的標籤，但挑戰墨守成規的陋習，才能讓我們進步。不要讓任何人替你貼標籤——例如「蠢金髮妞」或「身障女孩」，就像人們曾經爲我貼上標籤。這些標籤只會扼殺你能爲世界做出的貢獻，讓你覺得自己永遠成不了氣候。允許貼在自己身上的標籤，應該只有**我們爲自己選擇**的詞語，但我們卻常被困在**別人**強行爲我們貼上的標籤所形成的框架裡。更糟的是，有時我們開始把來自別人的外在標籤當藉口，不再試著充分發揮自己的潛力。

「噢，我是＿＿＿＿，所以我本來就不擅長這樣的事情。」

「這個嘛，其他人也只能應付我這種性格，因爲我是＿＿＿＿。」

我們接受那些標籤，並用它來爲自己的選擇開脫。人生中有很多事我們無法控制，但還是能決定如何應對處境，以及在其中的身分。

我是截肢者、被收養者、游泳選手、勵志演說家、女性、社會倡議者，也是一名妻子。我可以列出更多標籤，從個性的方方面面到人生經驗，都是我的一部分，但沒有任何標籤可以完全描述我——當然也沒有標籤能成爲阻止我前進的藉口。我不是自身境遇的受害者。**我們**不是自身境遇的受害者，我們不能讓自己眞的成爲別人強行爲我們貼上的任何身分。如果別人或你自己給你貼過標籤，而且這個標籤阻礙了成長或讓你感到羞愧，那就忽略。它不適合你。我們比那更好，比那更多。

言語是有力量的。還記得「棍棒和石頭可能會打斷我的骨頭，但言語永遠不會傷害我」這句老生常談嗎？才怪。言語也能傷人！我可以告訴你，我這輩子收到的正面話語和互動比負面的多，但我到現在還記得十二歲時，那個女孩傲慢地說她覺得我好可憐。我永遠不會忘記麥當勞那個孩子，她叫我遠離她，免得感染到我的病。有些話一旦對你說過，就永生難忘。但這些字詞和標籤不屬於你，你根本不該隨身攜帶或揹負。我沒有病，也不需要誰可憐。我眞正的身分，是時刻鼓勵他人，並成爲使差異正常化的社群的一部分，這樣其他孩子就不必經歷我嘗過的負面互動。

孩子有問題想問時，不要叫他們閉嘴，彷彿異於常人是可恥的，而是應該教導他們使用輔助設備（輪椅、助行器、枴杖、義肢等），以及如何禮貌地提問。我記得有次去游泳池訓練，一群小男孩在那裡參加游泳訓練營，看到了我。有人說：「那太奇怪了！」同時指著我的腿。

還沒等我說話，另一個男孩就開口：「那才不奇怪！那超酷好嗎！」讓我們把關於差異的敘述從「奇怪」轉變爲「超酷」。

當我感到不安，或者想躲避好奇或敵意的目光與評論，我會想起那個拿著艾美．慕琳斯的照片、不再感到那麼孤單的小女孩。這已經成爲我的標準程序——想像年輕時的自己。有時，那個俄羅斯小孤兒會讓我想起對游泳的熱愛——少關注肌肉痠痛，多關注把身體推向更大目標時所感受到的自由。有時，那個小女孩（年幼的我）會讓我想起在那些年需要什麼，如此一來，我就能爲別人提供當初需要的助力。我需要的是看到那些跟我一樣的人持續成長。我需要的是異於常人之處被視爲常態。我需要的是人們的理解和心領神會。因此，我想代表身障人士社群，自豪地分享我是誰，並向其他人伸出援手。

許多微小的改變可以產生很大的改變，像是拿著和你一樣的人的照片，或是在迪士尼頻道看到截肢者。有人站出來代表你，就是產生變革的重要一步，但我們不能就此止步！讓我們作爲一個社群繼續上臺發言，以解決身障人士需要的無障礙設計的相關問題，並透過教育和「有人站出來代表你」來改變人們的觀點。我們不能容許標籤和制度阻礙，或定義我們的生活方式。讓我們繼續努力使差異被正常化，推動一個與我們一同適應的世界。記住，**你並不孤單**。

重建認知框架

●寫一封信給自己

①如果停下來想想小時候的自己，對你今天所做的選擇會有什麼影響？
②如果小時候的你現在也在聽你說話，你會不會採取更友善的說話方式？
③你會更常陪伴你的孩子，想起自己曾感到被忽視的感覺嗎？
④當你想起追求夢想的喜悅，直到這個世界說服你打消念頭，現在你會給你的夢想一個機會嗎？
⑤當你試著讓過去的自己以你為榮，你會不會變得更柔和、大膽，或更堅定？

花時間思索這些問題後，給過去的你——當年最需要這封信的你——寫一封信。也許那時候的你感到最孤單、很需要聽到有一天自己會擁有社群。也許小時候的那個你，需要聽到你是有價值的、有使命的。

我會對自己說：「潔西卡，生氣是可以的，成為鬥士是可以的，這正是妳實現所有偉大夢想的途徑。但要知道，休息和放手也是可以的。要知道，世界上有很多跟妳長得一樣的人，他們神奇得不可思議。妳並不孤單，而且妳夠好。」

第十章
你想留下什麼印記？

是時候找回初衷

「我到現在還記得，以前禱告希望能得到我現在擁有的那些東西。」許多人可能在網路上看到這句話的幾個版本，搞不好現在就掛在牆上，但有多少人眞的花時間去回想那些日子？

我們很容易沉迷於未來的目標或當前的問題，而忘了對生命中以往只敢去夢想的事物表達感激。一旦你習慣了某樣事物，就很容易覺得理所當然。游泳現在是我的工作，但如果忘了初衷、忘了究竟爲什麼熱愛這項運動、熱愛在水中，就可能覺得游泳是個重擔，是我在強迫自己繼續進行的活動。

如何保持感恩之心？把目標提升到新的高度時，要如何記住**初衷**，而非迷失於不滿？倡導變革並挑戰制度時，要如何避免筋疲力盡？

我典型的一週行程是：參加游泳比賽、演講，或參加贊助商舉辦的活動。回到馬里蘭州的家中，我早上游泳，下午做皮拉提斯或舉重，若會離家超過一個晚上，我會去找游泳池。這麼多的出差、電話聯繫、在社群媒體上發布內容、聯繫體育經紀人、社交、與丈夫和家人共享天倫之樂，可能會令人疲憊不堪。我很容易不知所措，以致想逃避曾夢想要做的事。我以前游泳是為了樂趣，現在靠游泳獲得報酬。我有機會在參加的活動中接觸不可思議的人，並分享故事，激勵成千上萬的人。但當你筋疲力竭時，很容易忘記這一點。

當我回想最初的時刻，回想把我帶到現在位置的第一步，想起當年的我是個憤怒的女孩，在水中找到了安慰。我在游完最初幾圈並努力穿過泳池時，並沒有想著未來的成功。我游泳是為了引導思緒和精力，讓它把我推向極限，我喜歡看到自己進步。我游泳是因為喜歡挑戰，喜歡水的感覺，因為它阻擋了外界所有的噪音。後來，當我發現團體游泳競賽時，我也喜歡成為不認為我「與眾不同」的團隊和社群的一員，我很快就游得跟別人一樣快，後來是更快。

經過二十年的訓練，我對於「游泳如何成為我人生的重要部分」的感受，有時會波動，這也很正常。但我永遠不想忘記在水中找到的熱忱、使命感和歸屬感。在我游了二十年後，當我難以繼續堅持每天早上游泳時，心理治療師曾提醒我：訓練達到巔峰時，我似乎處於最佳狀態，也最有自信。把訓練擱在一邊的時候，我沒有好好管理行程，而是覺得燃燒殆盡，而且略過了「游泳」這個總是對我有益的活動。花時間放慢腳步，想起自己爲什麼喜歡游泳、爲什麼要游泳，有助於重新燃起對這項運動的熱忱。

我有幾個朋友已經從帕奧游泳賽退役，甚至不再喜歡游泳。在爲這項運動奉獻了這麼多年之後，他們已準備好徹底結束這項運動，哪怕只是再游一圈也不願意。我一點也不想因爲游泳和帕奧而筋疲力盡，不再在水中找到快樂。我的心願是，在最終退休時，我會對游泳爲我帶來的一切滿懷感激，同時繼續自我訓練，固定游幾圈，以保持健康——不爲了任何目的而游，只是享受在水中滑行、把體力引導到我喜歡的活動上。

當我們繼續自我接納的旅程時，常常會忘記初衷。我們會陷入混亂，被感受到的疲憊或困惑搞得不知所措。當這種情況發生時，務必花點時間整理自己。當我感到疲倦沮喪時，會做三件事來防止自己感到倦怠，並找回初衷。

① 把用字從「我**必須**這麼做」改成「我**有幸**能這麼做」。

② 回想最初的日子，回想曾爲現在擁有的成就祈禱的日子，並提醒自己我已經走了多遠。

③思索我想留下什麼。

這三步驟的威力非常強大。我**不必**每天訓練，而是**有幸**能運用身體進行訓練，來增強思緒和體能。我**不必**去旅行，而是**有幸**能去旅行，向世人講述我的故事，以及上帝如何運用我的人生來產生影響力。我**有幸**培養出對我提出挑戰與支持的人際關係。光是簡單的言語轉變，就能跟「我如何對自己說話」以及「我對生活灌輸著什麼樣的心態」發揮聯合力量。

你一開始出於喜悅或決心而去做、現在卻可能忘了爲何付出了大量努力的那件事是什麼？如果你發現自己陷入了倦怠狀態，就不要一直強迫自己付出再付出。你沒辦法從空杯子裡倒出水來。同樣的，如果你筋疲力竭，就無法發揮出最好的水準。下一次覺得被夢想壓得喘不過氣時，問問自己：**我是否對眼前的**一**切抱持感激和興奮的心態？**當你把人生視爲「每天都有**特權**和**機會**去做選擇」，而不是「有義務去做出這些選擇」，就會突然透過全新視角看到自己擁有的力量。你可以使用這個新觀點來改變，在必要時在行程中設定界線。你**有幸**能對一些事情說「我答應」，也可以對不符合最終目標的事情說「我拒絕」。

回到起點，你的夢想和目標在起點時是嶄新、令人興奮的。花點時間重新點燃曾擁有的快樂火花，隨之而來的可能是感激之情，你慶幸自己不再站在開始的地方，而是出發的地方。

留下印記與影響力

當你思索自己已經走了多遠，我希望你也想想你想留下的**遺緒**。這對我來說是強大的驅動力。**我正在產生什麼樣的影響？我想在這個世界上，尤其在我最親近的人們身上，留下什麼印記？**即使在艱困的游泳練習中，或曾考慮放棄游泳的那些年裡，我始終覺得我的游泳生涯是為了更大的目標。當然，游泳的重點也曾經是獎牌、贊助，以及增加聲量，讓世人無法對我充耳不聞。但在更深的層面，我知道游泳的目標不只是關於我自己。

我已經實現了自己設定的許多目標，但每項成就都會使我重新評估舊目標和尚未設定的新目標。我永遠不想停止進步，要自己變得更好。我們都有龐大的潛能，不幸的是，很多人從未充分發揮，通常到達「夠好」的境界就停下來，然後悠哉地度過餘生。隨著進入每個新的人生季節、朝著新的目標和挑戰邁進，我希望不斷擴展並產生影響。讓你的遺緒也成為具有影響力的遺緒之一。只要你還活在這個地球上，心裡就有使命，能爲身邊的人做出更多貢獻。**你希望人們如何記住你？**

當我想到遺緒，我會想到比莉．珍．金，還有她透過女子體育基金會所做的工作。二〇〇八年，十六歲的我第一次參加女子體育基金會的晚會，我穿著紫色無肩帶禮服，做了頭髮，也化了妝。我很榮幸受到這麼多神奇的女運動員和倡導者的邀請、被她們包圍。我很高興見到比莉．珍．金，她是美國網球運動員，爲男女比賽應獲得等額獎金而奮鬥，並創建了女子網球協會。能結識體操界傳奇人物加比．道格拉斯（Gabby Douglas）和金牌足球員朱莉．福迪（Julie Foudy），而且更了解作爲體育界女性的奮鬥和歷史，我深感榮幸。我曾多次提名基金會的「年度最佳女運動員」獎項，雖然從未贏獎，但能夠共襄盛舉那個讓女冠軍們可以爲彼此慶祝的場所，總是讓我深受震撼。這不是競爭，而是社群。我最終成爲「運動員諮詢小組委員會」的一員，並參與基金會一年一度的全國女孩和婦女運動日慶祝活動。

女子體育基金會致力於鼓勵女孩和婦女參加體育活動，幫助她們在體育和生活中都能發揮潛力。正是透過這個基金會，我了解了一九七二年教育修正案第九條，該修正案禁止任何接受聯邦財政援助的教育計畫和活動存有性別歧視。就在五十多年前，如果妳被告知不能參加某項運動，就因爲他們不想讓任何女孩加入，妳也沒有權力反抗。我們在這五十年間取得了長足的進步。想像一下在下一個五十年能做到什麼！想像一下我們能爲下一代留下什麼遺緒。

加拿大詩人露比・考爾（Rupi Kaur）曾在妮莎・嘉娜卓（Nisha Ganatra）執導的短片《崛起》（*Rise*）中說：「至於那些拒絕讓我們入座的桌子，我們將打造新的桌子，並爲在我們之後出現的每個人準備好座位。」

因爲有這麼多女性站出來挑戰「規則」，我才能夠以職業游泳運動員的身分追求職涯，並成爲神奇女運動員和帕奧運動員社群的一部分。在思索自己已經走了多遠、下一步想去哪裡時，請想想哪些桌子拒絕讓你入座、你如何努力地爲遇到同樣阻力的其他人準備一張桌子。你要如何爲**在你之後趕到的人**創造空間？你心中的想法和觀念就是在這時候受到考驗，因爲當我們仍深陷於羞愧感、不確定如何使用自己的聲音時，就更容易退縮並維持現狀。然而，當我們充滿自信，了解自己的價值和設定的目標，在爲後人擴大我們的遺緒時，就不會害怕去挑戰他人或經歷暫時的失敗。當我們爲子孫後代鋪路時，就能看到更大的前景，知道自己想留下什麼遺緒。

在職涯中，我也看到了更好的變化。從我十二歲第一次參加帕奧以來，帕奧運動的發展讓我對前進的方向更加充滿熱忱。我剛成爲帕奧運動員時，知道我們還無法與奧運平等，一切都有種分隔感。當時沒人眞正了解帕奧，我試著解釋，最終他們只是稱我爲奧運選手。我沒糾正他們，有時也如此自稱，因爲這比詳加解釋更容易，而且當人們意識到我參加的並不是「奧運」時，對我投來的欽佩目光就減少了幾分。我的幾個隊友在身上刺的是奧林匹克五環，而不是帕奧標誌的紅藍綠三弧，這三色是世界各地的國旗上最常出現的顏色。奧運五環廣爲人知，帕奧三弧卻無人知曉。

我記得在二〇〇八年奧運與帕奧會之前，參加了美國隊的媒體高峰會，我是少數被選中參加的帕奧運動員之一。艾麗森・菲利克斯（Allyson Felix，現爲十一屆奧運田徑金牌得主）走過來跟我打招呼，非常熱忱，讓我感覺不再那麼渺小和緊張。

有個人被指派來引導我參加每一場採訪，協助我按照指定的時間表進行。我走進其中一個房間，告訴採訪者我是三屆帕奧金牌得主，正在爲這輩子的第二次帕奧進行訓練，而且我在六項比賽中以第一種子選手的身分參賽。一位女士看了我一眼，說道：「我們沒有問題要問她。」我一頭霧水站在那裡，心想：**且慢，妳這是什麼意思？**我帶著三面金牌從雅典大會回到家，深感自豪，彷彿完成了一件歷史偉業，但在那場採訪上我覺得又回到了十二歲的日常：根本沒人知道帕奧是什麼，也沒打算問個明白。我參加了那場媒體高峰會，周圍都是世界上最優秀的運動員，卻沒人想採訪我，彷彿他們不在乎。

我討厭這種感受，也不希望其他帕奧運動員經歷這種感受。我當時心想，如果取得的成功越多，就會有越多人願意傾聽。我決定要贏得更多獎牌，打破世界紀錄，成爲馬克．史必茲或麥可．菲爾普斯那樣的人。我希望人們會更認眞看待我，也更渴望透過成爲佼佼者來證明自己的價値。我那顆充滿決心的青少年心靈做出了決定：人們遲早會知道我的名號，會知道帕奧會是什麼。我鐵了心要實現這個目標，也在職涯中看到它成眞，但我知道我們離那個使命還有段距離。這些年來的經歷有時讓我感到憤怒又疲憊，但我繼續努力，繼續訓練，繼續競爭和倡導，因爲我看到了進展，我們的聲音開始被聽到。

東京帕奧會是第一次在夏季舉行，贏得獎牌的獎金與奧運選手的金額相同。二〇一八年之前，我們每一面獎牌的收入還不到奧運同業的四分之一。二〇一九年，美國奧林匹克與帕奧委員會（USOPC）在名稱中加入了「帕奧」，成爲世界上第一個將帕奧運動項目納入其正式名稱的奧林匹克組織。當NBC體育頻道與USOPC（當時仍稱爲USOC，還未加入「帕奧」一詞）合作、獲取轉播權時，二〇一四年的索契冬奧會在美國獲得了前所未有的電視曝光，此後每一屆帕奧會都獲得更多也更好的報導。我們還有更多工作要做，但我們正朝著正確的方向前進。我們正在激起水花（容我賣弄雙關語），這爲我帶來了鼓勵和興奮！

我向來爲能夠成爲美國隊的一員而自豪。我爲了能一再戴上那頂側面印著美國國旗、下面印著我的姓氏的泳帽而拚了老命。我很小的時候就開始投入這場國際賽事，等於是在帕奧會裡長大。我從十幾歲到二十幾歲的期間一直接受著訓練、以職業選手的身分參加游泳比賽，而參與這項運動幫我塑造了自信，並接納了自己。將這項運動發揚光大、在此中持續成長，這個旅程要求我不斷參與並積極努力。無論發生什麼，我總覺得泳池在把我拉回去，總覺得我在泳池還有更多事情要做。這就是我遺緒的一部分。

在寫這一章的幾年前，我穿著帕奧運動衫走進雜貨店。某人經過我身邊時問道：「我的天啊，妳有參加帕奧?!」

我微笑且自信地說：「是的，沒錯！」

人們現在知道帕奧是什麼，能看到它持續成長，看到擁有勵志故事的神奇運動員獲得應得的關注，我眞的非常開心。我心中有部分感到悲傷，因爲我以前自稱帕奧運動員時未必總是充滿自豪，但現在的我能自信地糾正他人。我是帕奧運動員，這個身分是我的人生故事和自我認知的重要組成部分。我很慶幸這個身分是我遺緒的一部分，也是人們記住我的方式之一。

回饋社會，推動使命

隨著帕奧的發展，我們很高興看到義肢這個領域發生了非常多創新。科技的進步，使我能鼓勵其他截肢者在他們的旅程中繼續邁進。這些年來變化最大的，是義肢的舒適性和便利性。現在就算有人踩到我的腳或我不小心跌倒，義肢也不再徹底脫落。我的義肢擁有能夠彎曲的腳踝關節，在行走時更像眞正的腳踝，而不是像以前那樣完全沒有彈性或避震功能。我現在的假腿是由更輕的碳纖維材料製成，至於高跟腿，廠商透過妹妹漢娜的腳來製作了四吋的拱形模具，用它來做出我的假腿。我和她盛裝出門時，我們倆的腳看起來一模一樣！

我在筋疲力盡時還是會覺得疼痛，穿戴假腿一整天也會感到痠痛，但以前的義肢讓我光是站個幾分鐘就覺得痛。由於膝蓋以下的骨頭很少，所以我在舉起和控制義肢時能運用的施力點不多。我的義肢師艾瑞克多年來一直與我合作，爲我提供最佳的貼合度，避免爲了不合適的貼合度而過度彎曲膝蓋、身體重心前傾，或做出任何最終會影響身體其他部位的自我調整。艾瑞克徹底改變了我的生活。優秀的義肢師可以爲截肢者的生活帶來天壤之別的改變。身體障礙不一定會讓你放慢腳步，但義肢師可以幫忙確保它沒辦法拖累你。我現在能自信地看著截肢者的眼睛，告訴他們不用擔心。身障人士的世界已經取得了巨大的進步，我們也將繼續推動創新和平等。

世界正在迅速變化和進步，我們有責任確保它繼續朝正確的方向前進。我們有幸能挑戰自我，並回饋社群。當我們選擇感恩並建立遺緒時，就會覺得有幸能對彼此的人生產生影響。與女子體育基金會合作來賦予女性權能，並透過Fitter&Faster游泳診所來教導年輕運動員，這些都提醒我回饋社會是多麼重要。倡導和慷慨密不可分。當你相信自己奮鬥的使命時，就會更慷慨地投入時間、資源、心力和聲音。我們能透過在這些領域做出貢獻，來表達支持。你能做的可能包括提供志工服務，或捐錢給你支持的領域中做出貢獻的組織。如果你不知道從哪開始，可以去研究並找到一個組織來捐贈你的時間或金錢。

這些年來，我有幸能向幾家孤兒院捐款，包括在俄羅斯參觀的一家專門收養身障兒童的孤兒院，以及印度的一家孤兒院，我的祖父母在那裡開啓了收養林塔和廷圖姊妹的手續，透過自行創立的非營利組織來捐款。我丈夫是足球教練，而我們最關心的組織是CP Soccer，這是個針對腦性痲痺、中風和創傷性腦損傷兒童的競技聯盟。馬里蘭州巴爾的摩還有個神奇組織名叫「轉型中心」，相信「整體轉變」，他們的使命是「透過為人們提供克服貧困、藥物成癮、失學、失業及社會不公等障礙的途徑，將人們與上帝賦予的宿命連結起來。」回饋社群也可以透過不同的方式來完成，但如果你有機會和方法去支持一個組織，那就這樣做。沒有人在走到生命盡頭時，會後悔自己做了太多善事！

我們如何大聲疾呼、回饋社會、開創更好的改變、過著日行一善的生活……這就是我們的遺緒，這就是我想繼續創造的影響。我想繼續倡導平等和可見性，這樣下一代就不會感到孤獨，就能看到擺在面前的所有機會。我們沒有任何藉口不去爭取成功、不去追求想要的東西，唯一能阻止我們前進的就是自己的決定。這就是我們應該爲每個人提供的機會。讓我們保持感恩，避免倦怠，因爲我們記得自己來自哪裡、爲何而戰。不要把任何事視爲理所當然，因爲我們有使命，而且還有更多事要做。追根究柢，重點其實根本不是我們自己，而是我們的行爲所影響的人們。把自己的聲音加入到面前的數千個迴聲之中——這就是我想成爲其中的一部分。我邀請你也一起加入。

重建認知框架

• 找回初衷的三個習慣

這週試著在生活中實踐，我用來讓自己免於沮喪或停滯的三個習慣。

一週就好，只需在一天中進行一些溫和的提醒，即可幫助你把心態轉變為感恩和意圖。若想更進一步，還可以每天早晚各做一次簡單的感恩練習，以真正開始改變心態。

①改變你的言語——大聲、發自內心——從「我**必須**這麼做」改成「我**有幸**能這麼做」。

②回想一切之初，並提醒自己已經走了多遠。

③想想你希望留下什麼遺緒。

●簡單的感恩練習

①今天讓我滿懷感激的是……

試著列出三件事。你的答覆可以很簡單，例如感激能享用到最喜歡的零食——我的最愛是薯條配莎莎醬加醃黃瓜！沒有什麼是太小或微不足道的。

②今天發生在我身上的好事是……

這是在一天結束時很好的感恩練習。也許你有幸能觀看最喜歡的電視節目，或跟朋友通電話。再次強調：沒有什麼是太小或微不足道的。

第十一章
天生我材必有用

從勇氣、自愛到使命

某年夏天，我和游泳贊助商Arena在德州會面，進行團隊聯誼活動，以找出個人的核心焦點和價值。十二名運動員和Arena工作人員都在那裡度過週末，一起住在一棟房子裡。他們爲每個人準備了健康的零食和新的Arena裝備，我們坐在開放式客廳區域時，都穿著這些裝備。我們有完整的行程安排，來完成替我們規畫的活動，當晚有位來自Global Arena的講者，引導我們完成這項練習。我從沒做過這樣的事。她站在房間前問我們：「當你們想到核心價值的時候，會想到什麼？」

一開始我們都靜靜坐著，認眞思索這個問題，然後互相討論。在瞬息萬變的世界裡，我們在那一刻唯一要做的就是思索自己的核心價值。我們唯一要做的，就是思索**我**

爲哪些事物而戰？

然後，我們互相傳遞黑色的小袋子，裡頭裝滿了寫在紙上的各種形容詞，代表著我們可以選擇，並提出所有權的不同選項。講者要我們從中選出五個詞，但在選擇時不能看到自己拿出什麼。拿出五個詞後，有幾分鐘的時間跟同儕交換，直到覺得手裡的五個詞彙是最好的。即使在我把手伸進袋子裡開始練習時，也希望能抓到寫著「使命」的卡片。

在開始自我接納之旅的十五年後，我還是覺得需要感覺到自己有一個眞正的使命，並感覺扎根於此。我到現在依然這麼做。我抽到了「勇氣」這個詞，但用它跟別人換取了「自愛」。我們繼續交易，幾張卡片在我手中多次易手，但最終還是拿到了「使命」卡。到最後，我手中的詞是「使命」「自制」「謙卑」「愛」，還有「寬恕」。

我的核心價值和關注始終集中於「在人生的各個層面實現使命」，以及「如何運用我的使命來影響他人」。所以這個詞在我手上，感覺就是很對。當我們被告知從手上的五張卡片中刪除兩個詞，縮減成對我們來說最重要的三個詞時，我保留了使命、愛和寬恕。再次縮小範圍後，最終我們都只選了一個詞。然後，我們必須從一連串圖片和繪畫中，選擇最能代表自己最高核心價值及意義的圖像，然後針對選擇的詞彙和圖像發表簡短演說。我的核心價值是使命，我選了一張有彩色葉子的圖片來搭配。我談到人生總是變化無常，我們在每個人生季節都有一個使命。我堅信儘管季節來來去去，但我在每個季節中仍掌握著一種力量和使命。

選擇你的影響力

你所做的選擇，決定了你對自己和他人的人生產生的影響。你一直在爲世界增添一些東西，至於你的貢獻是正面還是負面，取決於你自己。

我害怕的是，當我走到生命的盡頭，發現自己還有很多可以給予，沒發揮得淋漓盡致是因爲太自私，或是太害怕把我能提供的東西拿出來，結果因此扼殺了我原本注定該發揮的所有影響力。我不希望日後回顧每一刻的時候心想，**哇，妳當時有那麼多機會，有過這麼精采的人生，打了那麼多仗，卻滿腦子想著妳沒有的東西，結果看不到擁有的一切。妳一直停滯不前，未曾邁步**。我不希望小看自己能做出的貢獻，或一直不敢把來到這個星球所能提供的東西拿出來。我希望我們走到人生終點時，知道自己已經給得一無所剩，知道我們已經用天賦和熱忱影響了身邊的人。我希望我們在人生中完全接受自己的使命，並幫助他人找到他們的使命。

但使命究竟是什麼？我們的使命是我們存在的理由，是你的「爲什麼」、你的熱忱、技能和經驗的結合。我原本以爲在游泳中找到了使命。我原本以爲在倡導帕奧和減輕其他身障者的孤獨感時找到了使命。我原本以爲在教堂裡找到了使命。我原本以爲我透過教練工作與公開分享人生故事來回饋游泳界，就是找到了我的使命。但我現在認爲，我的使命是上述這一切。使命是找到世界的某個需求，然後貢獻一己之力去滿足。人們需要看到眞誠的愛和人際關係。你來幫忙滿足這個需求吧。這個世界需要那些承認自己可以提供一些東西，並相信自己能做出嘗試、接受失敗並繼續前進的人。社會制度需要受到挑戰和改變，每個人都應該擁有一張歡迎他們的桌子。善良和同理心應該成爲我們一生中的共同經驗。**去滿足這些需求吧**。

朝著使命前進，找到人生該做的事

人生中的每一刻都是從邁出第一步開始，包括朝著我們的使命前進。奧運跳水選手一開始並不是直接踏上十公尺高的跳臺（相當於三層樓高），就跳進半空中。走上平臺之前，他們必須先採取許多步驟，提升許多技能和自信，掌握力量訓練及正確姿勢的基礎知識，然後學習關於跳板的技巧。在空中自由落體、在閃閃發光的水面上空完成完美的翻轉和轉身之前，他們一直在學習初學者從最低層的跳板跳水的抱身動作。同樣的，要實現你的使命，首先要做的就是踏出第一步：確定你的人生使命**到底是什麼**。

我們在前面的章節中探討了尋找我們的「爲什麼」，以及辨識內在動機，是找出使命感背後的諸多驅動力的良好起點。想想你的人生故事，哪些事物會讓你微笑？例如，你是否喜歡傾聽別人的意見並解決問題？讓別人感到自在，對你來說是否很自然？也許你的使命是成爲培育者，並運用這種能力來鼓勵和創建一個社群，無論哪裡需要你這種人才。想想你的「爲什麼」、你擅長什麼。不必強迫自己去做某件事，就因爲它聽起來不錯或別人叫你去做。最了解自己和你的熱忱的人，就是你。

也想想哪些事物會讓你生氣。我在被誤解時會生氣，這讓我想確保別人的聲音被聽到。遇到針對身障的無知言論會讓我火冒三丈，所以我努力推廣相關教育。我們有能力掌握自己的人生故事，並用它來療癒他人。所以也許對你來說，適合你的工作是確保其他人不會經歷你經歷過的虐待或創傷。也許你創辦或加入了一個非營利組織，該組織正在對某個讓你難過的領域產生影響。你覺得自己想在哪些領域上做出奮鬥或反抗什麼？你覺得你的「爲什麼」或使命是什麼？你一生中想爲什麼而奮鬥，無論是大的社會問題，還是小的個人問題？正是這些時刻帶給我們最大的熱忱和成就感，讓我們找到人生中該去做的事。

回顧自己的人生，回顧是什麼事物讓我感覺處於正確的位置，了解自己的「爲什麼」並自我檢視，是什麼讓我覺得有使命感，都是很好的起點。如果你不確定該從哪開始，上述的做法將是很好的基石。當你開始思考人生，哪些事會讓你心跳加速？你對什麼感到興奮？可能是某個職涯領域，可能是一直在考慮創辦的生意，也可能是培養重視善良、互相扶持的家庭。也許你想做的是參與社群、招待朋友並建立深厚的默契，或傾聽並幫忙指導他人走過他們的旅程。對我來說，公開演講和激勵他人，甚至透過出版這本書，都讓我感到興奮、充滿挑戰。看到做喜歡的事對他人產生影響，讓我確信自己來對了地方。

弱點就是最強大的武器

一旦你確定了自己的「為什麼」，並確信至少一個想在生命中實現的使命，那麼問問自己，**最讓我感到脆弱的是什麼？**我們必須先識別並承認這個脆弱之處。當我們埋藏脆弱的感受，躲避在人生中覺得自己異於常人、羞愧或不夠好的領域時，就無法充分處理和利用這些部分。我們必須接納自己，連同在這些方面的人生故事，它能夠引導我們實現自己的使命。

我最大的弱點是我的腿，這是最顯而易見的特徵，而正是它使我產生了影響力。被收養者的身分，是我感到非常脆弱和不安全的另一個面向。尋求療癒並與他人分享自己的脆弱、掙扎，已經成爲我人生使命的另一個關鍵層面。對我來說，沒有比跟其他被收養者談話更讓我開心，因爲我覺得他們在最高的層面上理解我。我們都尋求被理解的感覺，這能爲彼此提供踏實感和驗證、信心與自我價值。在生命中，有許多時刻和處境讓我從早年到成年都感到被誤解。當我透過彼此的共同經歷與某人產生共鳴時，多年來被誤解的部分就得到了療癒。**脆弱之處的相關領域也給了我使命**。

一旦我們有信心與他人分享自己的故事，生命中最讓我們感到脆弱的領域，就能成爲自己最大的武器和影響力。每個人都必須學會接納並欣賞彼此的差異，連同自己因與眾不同而擁有的力量。所有與眾不同之處構成了一個集體的整體，但如果每個部分看起來都一樣，那麼你正在建立的東西對你來說就根本不是獨一無二。**你就是世界上某個問題的答案**。你沒有太難以應付、太奇怪、太微不足道、太與眾不同，或身體障礙太嚴重，而無法實現在這個世界的使命。事實上，**讓你感到羞愧的特質或部分，可能會成爲最大的資產**。

我常常想起幾年前遇到的某個小女孩，她因癌症失去了一條腿。我甚至不記得她的名字，但她父母說她必須見到我。她凝視著我，眼裡充滿希望和欽佩，她看到其他像她一樣的人激勵她前進，那一刻讓我永生難忘。在我經歷風風雨雨時，正是像她這樣的人，讓我覺得一切都值得。我想起用我的人生故事寫報告的學童，拿著我的第一本書《永不沉沒》（*Unsinkable*）來參加演講，找我簽名。我想起在社群媒體上聯繫我的家長，說我幫助他們了解了被收養或身障的孩子。我想起在演講結束後含淚向我講述自己的收養故事、說他們也想見到親生母親的成年男女。這一切都提醒著我來到世界上的使命、我爲什麼做著所做的一切。

我們的人生中都有一些能去影響的人。也許你的孩子正在關注你的行爲，你的同事正在見證你在壓力下的表現，或你得以激勵的朋友和家人。無論你是否意識到，你都在對他們的人生產生影響。每個人都能決定：我們想朝著自己的使命邁進？還是每天躺平，爲自己和旁人付出越少越好？

要活在恐懼中，還是學會調整？

布芮尼·布朗是一位研究教授、演說家和作家，一生大部分的時間都在研究「全心全力生活」（wholehearted living），以及勇氣、脆弱、羞愧和同理心在生命中的作用，專注於根據人們的人生經驗來發展理論。布朗教授不是用測試和統計數據來評估某個現象，而是針對某些主題或話題採訪不同的人群，然後對資料進行編碼，觀察出某些規律，這種研究法稱爲「質性研究」。

教授一開始的研究動機，是想剖析人際關係。雖然人際關係似乎賦予了人生意義，但她發現自己很好奇人際關係如何也導致人們害怕「人際關係斷裂」——我們害怕自己不值得被愛，或不值得建立人際關係。她後來著手「全心全力生活」的研究，尋找即使面臨風險和不確定，也全心全力地生活和去愛的人，看看他們有哪些行爲與眾不同。在她的研究中，多次發現羞愧和脆弱對我們的生命影響至深，而她在全心全力生活的群體中看到的，是人們接納自己的脆弱和不完美。他們允許自己失敗，所以當眞的失敗時並不會感到丟臉，還能繼續前進。她的研究發現，這種心態讓人們更了解自己，能與他人建立更深入的人際關係，進而願意接受愛、喜悅和歸屬感。

當我們接受自己的脆弱之處，而不是轉向憤怒或羞愧，就會向每個人都在尋求但一開始就害怕失去的東西敞開心扉。試著隱藏或改變自己，以融入他人或自己的期望，只會剝奪我們尋求的眞正連結和理解。掙扎不代表軟弱，異於常人也不等於劣於常人。當我們能改善不安全感的心態、接納自己的一切，就能全心全力地生活。

布朗教授在《以勇氣戰勝荒野》（*Braving the Wilderness*）中寫道：「眞正的歸屬感是深深相信自己、屬於自己的精神實踐，深到讓你願意與世界分享最眞實的自我，並在成爲某個事物的一部分、獨自站在荒野時找到神聖性。眞正的歸屬感並不要求你**改變**

自己，而是要求你**做**自己。」我們花了很長時間，試著壓制自己異於社會規範或自認爲不會被接納的部分，而眞正該做的，是努力接納自己的這些部分。如果人們接受的是經過精心策畫以適應眾人的你，就不會接受眞實的你。因此，諷刺的是，只有當我們願意自曝弱點、向世界展示眞實的自己時，才能體驗到所尋求的接納。

這就是爲什麼，我看到阻礙人們實現使命的最大因素之一就是恐懼。我們害怕失敗、出糗，害怕暴露自己的弱點。我們拚了老命讓自己看起來泰然自若，但事實是沒有人能做到。一旦我們開始掌控自己的人生處境，事情就會再次改變。這就是人生，這就是成長。這就是爲什麼我們必須有能力接納自己的脆弱並克服恐懼，才能看到自己的潛力。

我逐漸明白，我們永遠不會停止學習、調整和成長，我在「接納自己」的旅程中看到了這一點，因爲每個人生季節都會帶來獨特的教訓和啓示。而隨著我成爲美國帕奧游泳隊中最年長的運動員之一，也開始在自己的身體上看到了這一點。

起初，我確實不期待看到自己在二〇二二年滿三十歲。我知道三十歲其實不算老，但還是讓我意識到在生命的某些領域需要採取不同的做法。我也希望能像十六歲時那樣高強度訓練，但進入了三十代，就需要更多的恢復時間。我花更多時間進行交叉訓練，做皮拉提斯和重量訓練，也在強化身體時多注意身體的感受。除了游泳，生活中還有其他對我來說很重要、需要關注的領域。我必須允許我的需求隨著自己、身體和生活方式而改變。老實說，我一開始很抗拒某些改變，當我在精神和身體上推動自己、同時抗拒做出所需的調整時，常因爲無法滿足自己設定的不切實際期望而感到失望。

當我們抗拒改變，最終只會感到更多壓力、困惑或失望。你能不能找出在生命中一直在抗拒改變的領域？仔細檢視原因。對很多人來說，是出於恐懼。你是否擔心重大改變不但不會帶來成功，反而只會讓自己顯得可笑？你是否擔心若放慢步調，就永遠無法趕上進度？也許你已經用某種方式做某件事太久了，不知道該如何改變或學習新的方式。

傾聽身體的聲音來療癒傷痛

你將經歷許多不同的人生季節。只有接受你所處的季節，才能開始適應並度過。只有接納每個新的季節、看看我們能從中學到什麼，才能找出自己的使命。如果我強迫自己繼續按照以前的做法和訓練方式繼續游泳，身體會跟不上，最終筋疲力盡，甚至受傷。同樣的，當我們拒絕適應新的季節，最終會感到倦怠又沮喪。我們沒辦法在經歷過悲傷或痛苦的季節後，繼續表現得一切都很好、心花朵朵開。我們得讓自己停下來、消化並適應變化。如果緊抓住過去不放，就只是對當下的現實視而不見。

對我來說，體能訓練與日常生活有明顯的相似之處。經歷不同的人生季節並張開雙臂接納，有助於我們在其中茁壯成長；若迴避和忽視，只會讓事情變得更糟。多年來，我經歷了幾次劇烈的肩痛和恢復期，不斷硬撐，任憑身體感到疼痛，直到再也撐不住。我在必須吞下人體每天能承受的最大劑量的布洛芬止痛藥時，終於去看了醫生，做了電腦斷層掃描，結果顯示兩邊肩膀患有關節炎。我必須開始調整練習強度，來照顧身體並保護肩膀。我不能強迫自己像過去那樣訓練，但可以要求自己對現在所做的工作負責。你也可以。

我以前在每次練習中都拚命游無數圈。現在我會進行不同的練習，並專注於划水的特定部分，以及針對某些肌肉群做鍛鍊。我會接受物理治療，冰敷肩膀，在關節周圍使用肌內效貼布（又稱K型肌貼），並接受按摩。我確保每次游泳之前都正確伸展和熱身。我會使用阻力帶和按摩滾筒，而且每次收尾時一定會使用筋膜槍，以幫助減輕肌肉的緊張和痠痛。只有在接納了所處的人生季節，並向自己和他人坦承我需要的護理之後，才能調整並創建一個適合我的系統。**允許**自己依據不同的季節進行改變和調整，我們就不會分崩離析。我不能一直忽視自己的現實狀態，必須傾聽身體，並做出相應的反應。

在訓練和生活中，學習傾聽身體的聲音至關重要。我們必須學習如何區分什麼時候該督促自己，什麼時候該休息。我有時還是會因爲花時間休息而內疚，但我了解到，如果不安排時間休息，身體就會在某個時候透過生病或受傷，或乾脆直接以某種方式關機，來強迫你休息。如果你是因爲心煩意亂而停止鍛鍊（無論是出於恐懼還是想太多），那麼此時確實該堅持下去。我在心煩意亂時，會去完成一項任務，即使成果並不完美。如果打掃房子會讓我不知所措，我會將計時器設定三十分鐘，盡量在時限內打掃。這使我不再不知所措而什麼也不做，也讓我在該休息或做其他事情時，免於花一整天進行完美的打掃。然而，當你感到身體疼痛，或覺得大腦因爲筋疲力竭而停止運作時，堅持下去只會造成傷害並加劇這些不良感受。

這也是社群可以發揮作用的地方，因爲社群裡有人了解你和你的極限，能幫助你判斷何時該鞭策自己，何時該休息。我正在學習傳達這些需求，如此一來，你的社群才能了解你面對哪些限制。我看過太多運動員害怕花一天時間休息、害怕在痛苦時表達自己的感受，以前的我也曾這樣向教練隱瞞。身爲運動員，我們被教導要克服痛楚。沒錯，不適和痠痛可以克服，但眞正的疼痛是身體向你發出的警訊。隨著年齡增長，我對自己的需求變得更加直言不諱。我比任何人都更了解自己的身體，而把它照顧好是我的責任。如果我需要休息一下，因爲身體老化並向我發出信號、表明我已經做得夠多了，那我就得聽它的。如果我需要心理健康日、花點時間重新調整自己，也需要傾聽這個需求。我正在嘗試以能讓我擁有長期游泳生涯的方式，進行健身和游泳。我目前正在爲二〇二四年巴黎帕奧進行訓練，我很想二〇二八年在祖國加州洛杉磯舉行的奧運會上宣布退休。我們的身體實在不可思議，也值得被照顧和維護。調整訓練強度和內容是很正常的，要感謝身體幫助我們走了這麼遠。

無論你現在處於哪個人生季節，都正處於你應該在的位置。現在就是傾聽自己的需求、做出必要調整，以過上更好、更充實、更快樂人生的最佳時機。今天就是開始尋找你的使命、你想要影響誰的完美日子。我們在這世上的使命始終存在於內心，等著我們去檢驗、運用它來滿足這個世界的需要。當我們審視自己有何使命，讓我們誠實地面對自己，了解我們正處於什麼季節、有什麼需求。逃避和恐懼只會妨礙我們實現使命。讓我們繼續滿足這個世界的需求。我們來到這世上，不是爲了不受束縛地度過一生，而是要運用技能、熱忱和經驗，來對自己和他人產生正面的影響。誠如生物學家珍・古德博士所說：「你不可能一整天都不對周遭世界產生任何影響。你所做的事會帶來改變，你必須決定自己想要帶來什麼樣的改變。」

重建認知框架

●勇氣清單

當你走向激勵你的事物，而非遠離令你恐懼的事物，就會建立勇氣。所以，把你「如果不害怕就會去做」的所有事情列成清單，想到什麼就寫下來。

像是約某個人出去、請假一天維持心理健康，或是把你寫的詩或唱歌的短片，發布在社群媒體上……

然後從清單上最小的事情做起，接著逐步完成更大的事項。記住，恐懼本身不會傷害你，除非你允許它阻止你過上真實的生活、說出實話，或去做對你來說最重要的事。

結語

力量自始至終就在你手上

我在機場用筆電打一封電子郵件時，突然想到一句話。這句話在我成長的過程中聽過幾十次，也不知道爲什麼，每當需要它的時候，就會浮現在我的腦海裡。我停止打字，手指停在鍵盤上，那句簡單的話語在腦中浮現：「力量自始至終就在妳手上，親愛的，妳只是需要親身體會這個眞理。」

《綠野仙蹤》的善良女巫葛琳達對桃樂絲說的那句話，在我內心迴響時，我正在打的那封電子郵件是對家人表達感謝。當時正值二〇二〇年東京帕奧即將開幕之前（由於新冠疫情，帕奧因此延至二〇二一年舉行），我已經有一年沒見到家人了。我當時去了科羅拉多州科羅拉多泉市的美國奧運帕奧訓練中心，試著補上在新冠疫情爆發初期，因所有泳池關閉而錯過的游泳訓練。隨著日子慢慢恢復正常，我離開了馬里蘭州的家和丈夫盧卡斯，把注意力都集中在訓練上。我在訓練中心度過了一年遠離家人的時光，而因爲採取了額外的新冠預防措施，訓練中心嚴格規定我們不許與外界有太多接觸。我想念丈夫和家人，想寫下一些想法與他們分享，表達我多麼感激他們一直以來的支持。我從未忘記這個事實：這段旅程不僅僅屬於我，每一個愛我和支持我的人都是其中的一部分，幫助我度過了每屆帕奧之間的四年。

我坐在那裡寫下近況並感謝他們，開始感到緊張，因爲一直準備的時刻終於到來——東京奧運。我開始有了眞實感：在東京以西的橫田空軍基地訓練一週後，美國帕奧隊準備進入奧運村和帕奧村開始比賽。我深吸一口氣，對自己進行了一次內心的鼓舞。**開始了，潔西卡，妳做得到。妳的所有犧牲和訓練，就是爲了這一刻。力量自始至終就在妳手上，親愛的，妳只是需要親身體會這個眞理。**

我一直努力讓自己變得更強大。我一直努力證明自己，向人們展示我有資格留下。我這輩子大部分的時間，都在爲了接納自己的出身、爲了去愛自己的每一面而努力。我依然不完美，但似乎終於明白了一個道理：**我這麼做從來不是爲了獲得別人的認可，而是爲了獲得自己的認可**。我明白痛苦要由自己來療癒。我了解到，即使接受了上帝的愛和恩典，還是必須將其應用到生命中，並允許它改變我。眞正的愛和寬恕會**影響**我們，而且自我們身上流淌而出。

直到我原諒了自己，才能夠原諒當年把我送去孤兒院的生母；直到我接納自己的與眾不同、開始展示雙腿，我才眞正能夠幫助別人，把他們的與眾不同變成力量；直到我學會愛自己，才意識到我有多大的力量去愛和影響世界。

無論我是在數百萬人面前比賽，還是剛參加另一場沒人觀看的游泳訓練，我的價值都不再取決於我想證明的東西。決定你的價值的，不是成就或財產，而是「你是人，你存在著，你擁有身爲人類與生俱來的價值」這個簡單事實。這就是我們的力量——我們在這裡，正在呼吸。這種程度的自愛是過上充實人生的根基，因爲它讓你能夠以仁慈、同情和理解對待自己，從而與自己和世界建立和諧的關係。

人生唯一不變的就是一直在變，在我的一生中，了解到我們的價值並不會隨著處境而波動。它不會隨著生命中的人或評價而改變。它不是基於我們的成就，或贏得了多少獎牌和獎項。但我們必須相信這個事實，而這可能就是最具挑戰性的部分。許多人（包括其他身障運動員）都問我如何取得成功、我採取了哪些步驟來實現目標，我反問他們的第一個問題是：「那麼，你相信自己嗎？」

我們對自己和世界的信念，會直接影響人生的各個領域。如果你還沒完全做到這一點——時時刻刻相信自己——那也沒關係，但我相信有一天你會停止努力爭取別人的認可，並開始相信自己的價值和使命。很多時候我也很難相信自己。我在被領養的過程中感到無能爲力，加上失去了雙腿。然而，當我意識到我有選擇、有責任療癒自己、該帶著感恩的心去過日子、該每天積極努力時，這一切都向我揭示了我**確實**擁有的力量。

我不是自身境遇的受害者，你也不是。《綠野仙蹤》的善良女巫葛琳達所說的這句話，激勵我繼續前進，走過風風雨雨，繼續相信我正在做的工作，以及我對世界的影響。我想像小時候的小潔西卡，她看著我的眼睛，鼓勵我：「力量自始至終就在妳手上。」你只需要記住，或找到它，或眞心相信它。當懷疑的季節到來——你感到不確定和不穩定——請記住，**年輕時的你依然相信你**。這讓我感到安慰又放心，讓我感到平靜，鼓勵我繼續前進。即使我們還沒看到，但所有的選擇和行動都在產生影響，無論是對他人，還是對自己。如果我們保持耐心、始終如一地實現目標，就會看到改變開始顯現。即使很想放棄，但哪怕你只影響了一個人，也足矣。

我的人生充滿了努力實現自我接納的故事和時刻。但最終，這段旅程讓我變得更堅強，賦予我更多同情心，以及透過平臺去影響他人的能力。希望我這樣分享我的故事，包括醜陋和令人不舒服的部分，能讓你有勇氣分享你的故事。你的聲音值得被聽到，即使說話時聲音在顫抖。當每個人開始分享自己的經驗，而且讓自己的「不正常」成爲世人眼中的「很正常」，會發現我們其實非常相似——正是每個人的差異和弱點把我們連結在一起。

眞正的自我接納在於擁抱自己的各個層面，包括缺點和不完美，而且認識到它是你獨特身分和人性不可分割的一部分。我見過「接受自己是誰、在自己異於常人之處找到力量」所帶來的影響。我們的力量就在體內，我們有責任運用這種力量，讓世界變得更美好。這一切的起點就是自我接納。我親眼目睹這一切發生在自己和最親近的人的生命中。實現我們的使命，充分熱愛並接受自己是誰，以及我們能提供什麼，才能充分發揮潛力、成爲領導者，改變這個世界。這也是找到內心平靜的方法。我們可能會用一輩子來尋找使命和意義，努力讓自己變得有價值，但使命其實一直就在心中。無論你處於哪個人生季節，你並不孤單，我們每個人都有能力做出改變。就從現在開始，讓我們踏出第一步。

畢竟，「力量自始至終就在妳手上，親愛的。」你唯一要做的，就是像《綠野仙蹤》的桃樂絲那樣互敲雙腳的鞋跟，相信自己做得到。

誌謝

曾經有段時間，我以爲永遠沒辦法像這樣自揭瘡疤地談論或分享這些經歷。對於出現在人生中的人們及本書背後的團隊，我只有無限感激，他們幫助我走過了這個過程。

首先，我要感謝我的妹妹兼作家漢娜。

我對漢娜只有滿滿的信賴，我對她說出我所有的想法，而她知道怎樣看到我的內心，並準確地按照我想表達的方式把它寫出來。她知道我所有的祕密，大部分的時間也陪我度過這段旅程。我打從一開始就知道一定要找她來寫我的故事。我非常感謝她的智慧，因爲她幫助我整理了童年的感受，經常在我的心理治療結束後立即接我的電話。我永遠愛妳，小娜。

感謝傑米和 Sounds True 的傑出團隊。你們給我這個平臺分享我的故事，我只有說不完的謝謝。你們讓我能自由自在地與世人分享隱藏許久的眞實自我。你們孜孜不倦地工作，幫助我創造出一本感覺眞的是我的聲音的書籍。傑米，你是我們在這個過程中所需要的正面之光。

我出色的編輯菲莉絲和黛安娜，營造了安全的合作空間，讓我感覺自己被傾聽。當我覺得思緒彷彿胡言亂語或感到困惑時，菲莉絲就像一陣清風，而黛安娜對這個計畫的興奮也讓我重燃活力。感謝兩位溫柔地處理我的想法和感受。

我擁有這世上最棒的體育經紀人，很高興他進入了我的人生。伊恩，謝謝你讓我保持專注，並推動我不斷追求更高的使命，使未來的夢想變得更遠大。我永遠感謝你爲我付出的努力。

我爸媽值得擁有我在這世上所有的謝意。他們堅定不移地支持我，和我一起相信我的夢想。在我懷疑自己時，他們鼓勵我，給我空間。當我感覺很失敗時，他們提醒我，我的價值不在於游泳，在游泳之外的領域也照樣是個人。謝謝爸爸媽媽，是你們教會了我什麼是無條件的愛。

大大感謝我的丈夫盧卡斯，他始終相信我，和我一起做夢，並在早上送上冰咖啡。我們一起走過那麼多季節，你占據了我整顆心。我永遠愛你。

我對我的心理治療師感激不盡。貝瑟妮以各種正確的方式傾聽和挑戰我，並幫助我掌握了各個層面的自我所擁有的力量。感謝妳鼓勵我更深入地挖掘。妳我在心理治療中投入的努力，最終使本書得以實現。

最後但絕對同樣重要的，是我感謝耶穌向我展示了眞正的平靜和歸屬感是什麼樣子。我全心全意地相信，在生命的每一個階段，神都在我身邊。只要每一個障礙和困境是放在祂慈愛的手中，就一樣會帶來美麗和機會。祂讓破碎之物煥然一新。

Eurasian Publishing Group
圓神出版事業機構
用心與你對話．視野無限寬廣
方智出版社
Fine Press

www.booklife.com.tw reader@mail.eurasian.com.tw

自信人生 193

與眾不同，更有力量：以勇氣、自愛和使命，超越人生最艱難的時刻

Beyond the Surface: A Gold Medalist's Guide to Finding and Loving Yourself

作　　者／潔西卡．隆恩（Jessica Long）
譯　　者／甘鎮隴
發 行 人／簡志忠
出 版 者／方智出版社股份有限公司
地　　址／臺北市南京東路四段50號6樓之1
電　　話／（02）2579-6600．2579-8800．2570-3939
傳　　真／（02）2579-0338．2577-3220．2570-3636
副 社 長／陳秋月
副總編輯／賴良珠
主　　編／黃淑雲
責任編輯／溫芳蘭
校　　對／胡靜佳．溫芳蘭
美術編輯／林韋伶
行銷企畫／陳禹伶．蔡謹竹．林雅雯
印務統籌／劉鳳剛．高榮祥
監　　印／高榮祥
排　　版／杜易蓉
經 銷 商／叩應股份有限公司
郵撥帳號／18707239
法律顧問／圓神出版事業機構法律顧問　蕭雄淋律師
印　　刷／祥峰印刷廠
2025年2月　初版

定價350元　ISBN 978-986-175-828-2

只要描摹「未來日記」，就能讓你開始關注一直存在著、只是自己沒有察覺的事情，和你所期待的世界。

——《3分鐘未來日記》

國家圖書館出版品預行編目資料

與眾不同，更有力量：以勇氣、自愛和使命，超越人生最艱難的時刻／潔西卡・隆恩（Jessica Long）著；甘鎮隴 譯 . -- 初版 . -- 台北市：方智出版社股份有限公司，2025.2
224面；14.8×20.8公分 --（自信人生；193）
譯自：Beyond the Surface: A Gold Medalist's Guide to Finding and Loving Yourself
ISBN 978-986-175-828-2（平裝）

1.CST：隆恩（Long, Jessica） 2.CST：傳記
3.CST：運動員 4.CST：自我實現

785.28 113019434